SEIGAKU

EL ZEN Y EL ARTE DE COMER

Duomo ediciones
Barcelona, 2016

Título original: *Obousan ni manabu kokoro ga totonou shoku no Sahou* by Seigaku

© 2015, Seigaku
Edición original en japonés publicada por Discover 21, Inc., (Tokio, Japón)
Publicado con el acuerdo con Discover 21, Inc.
© 2016, de la traducción: Elena del Amo
© 2016, de esta edición: por Antonio Vallardi Editore S.u.r.l., Milán

Ilustraciones de Kikue Tamura

Todos los derechos reservados

Primera edición: octubre de 2016

Duomo ediciones es un sello de Antonio Vallardi Editore S.u.r.l.
Av. del Príncep d'Astúries, 20, 3º B. Barcelona, 08012 (España)
www.duomoediciones.com

Gruppo Editoriale Mauri Spagnol S.p.A.
www.maurispagnol.it

ISBN: 978-84-16-634-31-6
Código IBIC: DN
DL B 17212-2016

Composición:
Grafime

Impresión:
Grafica Veneta S.p.A. di Trebaseleghe (PD)

Impreso en Italia

Índice

Para empezar

Me llamo Seigaku y soy un *unsui*, un monje que completa su noviciado visitando distintos lugares, como una nube en movimiento, como el agua que corre. Actualmente vivo en Berlín y transmito la doctrina zen a aquellos con los que el destino me pone en contacto.

El lugar en el que los monjes hacen el noviciado es el Eiheiji, monasterio de la prefectura de Fukui fundado por Dōgen Zenji en 1246, sede principal de la escuela Sōtō. Fue ahí donde, en un determinado momento de mi vida, empecé mi noviciado, y entre las muchas cosas que aprendí me quedé absolutamente fascinado por los rituales relacionados con los alimentos. Creía que había descubierto la importancia de la comida mucho antes de entrar en el Eiheiji, pero, no obstante, la sabiduría y el fervor inherentes a esos ritos, transmitidos a lo largo del tiempo, han superado con creces mi imaginación.

He escrito este libro para que podáis aprender a liberar la mente de los pensamientos y llevar una vida sana introduciendo estos rituales, que van unidos a la alimentación, en vuestra vida cotidiana.

He reunido aquí todas las normas alimenticias que en el Eiheiji se han transmitido desde hace más de setecientos años, y los métodos para poderlas poner en práctica en todo el mundo.

Se trata de unas reglas muy eficaces: en cuanto termines ya no tendrás nada que hacer, ni siquiera limpiar.

La actitud con la que nos relacionamos con la cocina es la de aprovechar todo, incluso el rabo de las berenjenas. Los *kosan* –los novicios que viven en el monasterio desde hace más tiempo– sirven la comida con gestos estudiados y con un espléndido y artístico porte.

Quizá alguien se sienta incómodo oyendo hablar de «normas», porque este término da una idea de severidad. Para decir la verdad, yo también tenía una impresión parecida. Sin embargo, cuando probé a ponerlas en práctica en primera persona, mis prejuicios desaparecieron completamente.

Se pasa de las reglas familiares para todos, como «el arroz va a la izquierda, la sopa de *miso* a la derecha», a otras como «no llenéis la boca de comida hasta hacer reventar los carrillos», «no miréis los platos de los demás», «no llenéis demasiado el plato», que las toman muy en serio los que las adoptan, pero las alaban también como algo alegre y divertido. Mientras no tenemos bastante experiencia y nos limitamos a copiar a los demás, es un misterio cómo un «simple arroz blanco» pueda ser mejor que cualquier otra cosa degustada hasta ese momento.

Aunque se deba sencillamente adaptar el propio cuerpo a un modelo, acostumbrándolo a seguir espontáneamente estas normas, por algún motivo se experimenta una sensación de frescor, como si fuera el alma la que ha sido purificada. Además me ha sorprendido el hecho de que no soy solo yo el que ha sentido esa sensación, sino también las personas que me observan mientras pongo en práctica dichas normas, y estoy entregado a estos rituales.

Las reglas relacionadas con los alimentos que se ponen en práctica en el Eiheiji están basadas en el contenido de dos libros: *Tenzo kyōkun* (Instrucciones para un cocinero zen), y *Fushukuhanpō* (Procedimientos para el consumo de los alimentos).

El *Tenzo kyōkun* habla de forma detallada de la actitud mental y del papel que el *tenzo* a cargo de toda cocina debe asumir, además de describir las reglas necesarias para manipular los ingredientes y la vajilla.

En el *Fushukuhanpō*, en cambio, se describen con detalle las llamadas «buenas maneras» que hay que observar en la mesa, vinculadas al servicio, cómo sentarse y la postura que hay que adoptar mientras se come.

Ninguno de estos preceptos es particularmente exótico; quizá se trata de las «fórmulas habituales» que habéis oído repetir a vuestros abuelos o abuelas. Y, sin embargo, precisamente por ese motivo cualquiera puede utilizarlos con naturalidad, en cualquier parte del mundo y en cualquier momento, ya se trate de bares y restaurantes alemanes o cafeterías e *izakaya* japoneses. Cumplir con esmero alguna de estas «fórmulas habituales» dará vida a un cambio que os sorprenderá. Y si a pesar de conocerlas os da pereza llevarlas a la práctica, aprovechad esta ocasión para transformarlas en un rito.

LAS REGLAS DE LA COMIDA

¿Cómo se consumen los alimentos
en un monasterio zen?

Examinemos
una comida en el Eiheiji
de principio a fin

Os explicaré brevemente cómo los *unsui* consumen los alimentos en el Eiheiji.

En el monasterio no existe ninguno de los espacios que comúnmente se definen como refectorio: los monjes consumen los alimentos sentados con las piernas cruzadas en la postura del loto, la misma adoptada durante la meditación, en el mismo *tatami* en el que se despiertan, duermen y en el que practican *zazen*.

Los *unsui* se ponen el hábito monacal sobre el *kesa*. Su primer desayuno consiste en *okayu* y *takuan* con gomasio, la comida a base de arroz, sopa y *takuan* con un platito de verdura, y la cena, llamada *yakuseki*, a base de arroz, sopa y *takuan*, con el acompañamiento de dos platitos de verdura. El contenido de las comidas es variado, pero habitualmente todos los días se ofrecen los mismos platos sencillos.

En lo que se refiere a los utensilios y la vajilla, se utilizan cuencos llamados *ōryōki*, que posee cada novicio. Se trata de escudillas negras lacadas que meten una dentro de otra como las muñecas matrioska y que se guardan en un mismo envoltorio con los palillos y un paño blanco: antes de cada comida se desenrolla y se colocan los cuencos alineados sobre el *jōen*, la superficie de madera que rodea el *tatami*.

Como primer paso, intentemos comprender la sucesión de las comidas de los *unsui* sirviéndonos de algunas ilustraciones. Descubriréis muchas palabras a las que probablemente no estáis acostumbrados y aparecerán también varios aspectos difíciles de imaginar. Tranquilamente podéis pasar por alto los términos técnicos que os resulten complicados: me encantaría aunque solo sea saber que habéis conseguido haceros una idea general de las comidas.

RITOS QUE ACOMPAÑAN LAS COMIDAS: CONOCIMIENTOS BÁSICOS

食の作法🥣基礎知識

Cada *ōryōki* está colgado del techo con un gancho

«Cuando se duerme basta un *tatami*, cuando se está sentado basta con medio»

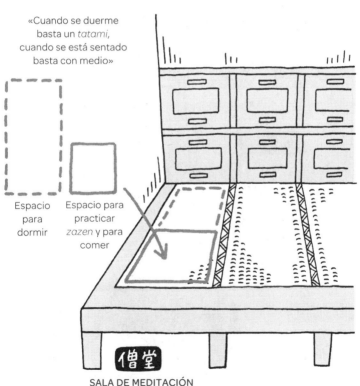

Espacio para dormir

Espacio para practicar *zazen* y para comer

僧堂

SALA DE MEDITACIÓN

応量器 ŌRYŌKI: CADA UNO TIENE UN SET

Se reúne todo en el *fukusa* ¡Queda muy compacto!

Cuencos que se meten uno dentro de otro

Portapalillos
Paño blanco
Espátula
Palillos
Cuchara

Alfombra para las piernas

Mantelito

Mesita

CÓMO TENER EL *ŌRYŌKI* EN LA MANO

Sujetar el *ōryōki* con
- el pulgar
- el índice
- el corazón
con ambas manos

応量器の持ち方

16

Reunirse en la sala de meditación con el sonido de los *narashimono*

El contenido del set del *ōryōki* es el siguiente: cuencos, cuchara, palillos, *setsu* (espátula para limpiar los cuencos), *mizuita* (mesita), estuche portapalillos y portacucharas, paño blanco, *hattan* (mantelito), alfombra para las piernas, *fukusa* para envolverlo todo. Cada vez que se maneja el *ōryōki* se debería hacer de modo que solo se utilizaran tres dedos: el pulgar, el índice y el corazón.

Los *unsui* no llevan reloj. En el templo las funciones se avisan por el sonido de las campanas o de instrumentos semejantes llamados *narashimono*, entre los cuales están los *moppan*, *unpan* (láminas de bronce en forma de nube), *gyoku* (gong de madera en forma de pez, que se cuelga) y *dairai* (tambores tradicionales japoneses).

El sonido del *unpan* que retumba por todo el templo señala que es hora de comer. Al oír esta llamada los *unsui* se ponen su ropa formal y se reúnen en la sala de meditación. Los *sōdō*, las salas de meditación donde se toman las comidas, también se llaman *undō* o *zazendō*, y son lugares que además de estar consagrados al *zazen* o a la recitación de los *sūtra*, representan el corazón de las prácticas de los monjes.

Es el orden de ingreso en el Eiheiji el que determina el lugar donde ha de sentarse un *unsui* en la sala de meditación.

Una vez llegado frente a su propio *tan* (el *tatami* sobre el que se practica *zazen*), en primer lugar el novicio hará una reverencia con las manos juntas, y después repetirá otra en la dirección opuesta. Estos rituales –comunes en la práctica *zazen*– se llaman *rin'imonjin* y *taizamonjin* y se realizan todas las veces, haya alguien o no.

El *unsui* subirá al *tan* y alineará las zapatillas en cuanto se las haya quitado; después, vuelto hacia la pared, hará *zazen* y permanecerá a la espera. Conforme al dicho «Cuando se duerme basta un *tatami*, cuando se está despierto basta con medio», el *tan* es la unidad de medida fundamental de la vida de los *unsui*. El *ōryōki* está colgado cerca del *tan* mientras en los estantes de abajo se encuentran el *futon* y los objetos de uso cotidiano. (En las grandes salas de meditación como la del Eiheiji, donde viven más de cien *unsui*, nadie se sentará necesariamente cada vez en el mismo sitio, y por eso cada uno lleva su propio *ōryōki* a la sala de meditación cogiéndolo del estante personal situado en otro lugar).

El sonido del *gyoku* y *dairai* anuncia que la comida está preparada para ser servida. Una vez que han cogido su propio *ōryōki*, todos se sientan de nuevo, vueltos los unos hacia los otros.

Preparar los cuencos
para ser servidos por el *jōnin*

En primer lugar el *jōnin* –el *unsui* encargado del servicio–
limpia el *jōen* con el *jōkin,* un paño limpio mojado y es-
currido, y solamente en ese punto los *unsui* posan sus
cuencos en el piso de madera. Al sonido del *kaishaku* (un
narashimono parecido a los *hyōshigi* utilizados en las
patrullas antiincendios), los monjes recitan el *Tenpatsu
no ge* (Versos para disponer los cuencos, véanse págs.
39-40) y colocan las escudillas en una posición especí-
fica, siguiendo un orden preestablecido. En el momento
oportuno, cuando han terminado de alinearlas, desde
el *gaitan* (el espacio situado junto a la sala de meditación, donde el *jōnin* predispone los recipientes necesarios para el servicio y se prepara), el encargado accede
a la sala de meditación y empieza a distribuir el *okayu.*
En ese momento los *unsui* reunidos en la sala recitan el
Jūbutsumyō (Los diez nombres de Buda, véase pág. 40).

Mientras esperan ser servidos, los monjes perma-
necen siempre sentados en posición *zazen.* Cuando
se encuentran frente al *jōnin* hacen una reverencia con
las manos juntas y, sosteniendo el cuenco con las dos
manos, se lo ofrecen al monje, que sirve la sopa con un
cucharón.

En el momento en que el *jōnin* vierte la cantidad suficiente para ellos, los novicios dirigen la palma de la mano
hacia lo alto y la mueven arriba y abajo junto al cuenco

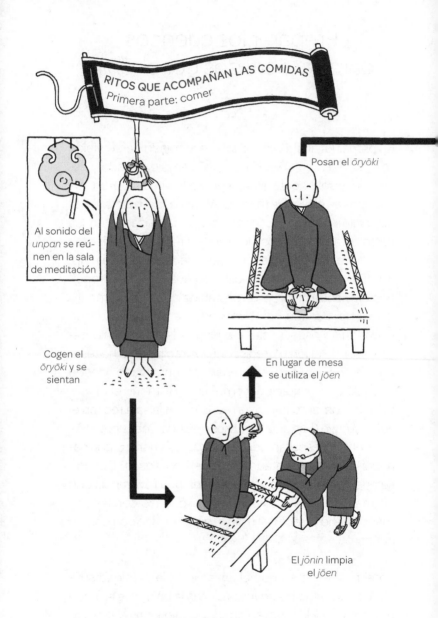

RITOS QUE ACOMPAÑAN LAS COMIDAS
Primera parte: comer

Al sonido del *unpan* se reúnen en la sala de meditación

Cogen el *ōryōki* y se sientan

Posan el *ōryōki*

En lugar de mesa se utiliza el *jōen*

El *jōnin* limpia el *jōen*

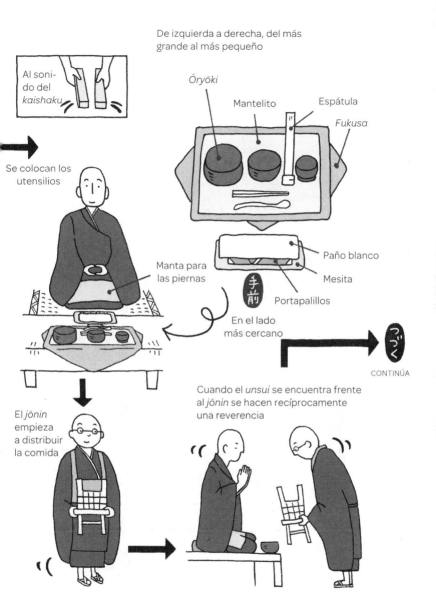

Al soni-do del *kaishaku*

De izquierda a derecha, del más grande al más pequeño

Ōryōki

Mantelito

Espátula

Fukusa

Se colocan los utensilios

Paño blanco

Mesita

Manta para las piernas

Portapalillos

En el lado más cercano

CONTINÚA

El *jōnin* empieza a distribuir la comida

Cuando el *unsui* se encuentra frente al *jōnin* se hacen recíprocamente una reverencia

En el caso del *okayu* o del arroz

En el caso de la sopa

Cuando el *jōnin* ya ha servido

El cuenco se presenta y se coge con las dos manos

El cuenco se ofrece con una sola mano mientras la otra está en la posición del *gasshō*

Se pone la cuchara en vertical, apoyada en el lado del cuenco más lejano

Se dirige la punta de los palillos hacia la derecha

Se colocan la cuchara, los palillos y la espátula

手前

Aproximadamente siete granos

Se humedecen la punta de los dedos y la espátula en la sopa

Manteniendo una mano en la posición del *gasshō* se colocan los granos de arroz ofrecidos en la punta de la espátula

Se tapa la boca con la mano

Antes de comer se levanta el cuenco a la altura de los ojos (*keihatsu*)

Se lamen la cuchara y los palillos posados en el cuenco correspondiente al alimento que se desea y se posan en el mantelito

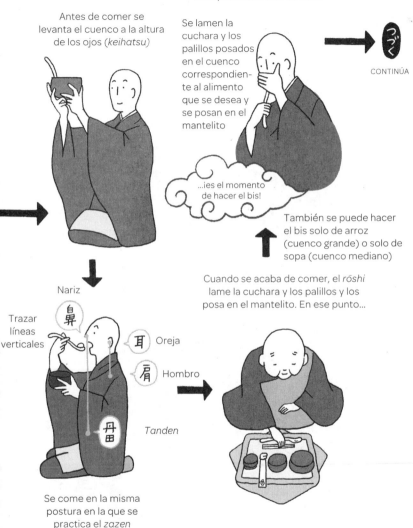

つづく
CONTINÚA

...ies el momento de hacer el bis!

También se puede hacer el bis solo de arroz (cuenco grande) o solo de sopa (cuenco mediano)

Cuando se acaba de comer, el *rōshi* lame la cuchara y los palillos y los posa en el mantelito. En ese punto...

Nariz — 鼻

Trazar líneas verticales

耳 Oreja

肩 Hombro

丹田 *Tanden*

Se come en la misma postura en la que se practica el *zazen*

para mostrar que la cantidad es adecuada. Una vez servida la comida no pueden dejar nada y por eso hacen lo posible por tomar solamente aquello que van a comer, y desde el principio evitan que les den una cantidad de comida que no podrían terminar. Después de haber sido servidos esperan de nuevo sentados en postura *zazen*. El sonido del *kaishaku* anuncia que todos han sido servidos y se continúa recitando los *Sūtra* dese el *Gokan no ge* (Versos de las cinco contemplaciones, véanse págs. 42-43) al *Sanshi no ge* (Versos de los tres bocados, véanse págs. 43-44). Entretanto se introduce la cuchara en el cuenco más grande, llamado *zuhatsu*, mientras los palillos se posan en el cuenco central, con la punta vuelta hacia el propio lado derecho.

Los *unsui* ponen después varios granos de arroz en la punta del *setsu* (la espátula de madera para limpiar los cuencos, que tiene un paño adherido a la punta): se llaman *saba* y el *jōnin* los recuperará al final de la comida.

El *saba* recogido se reunirá y colocará encima de las piedras que se encuentran en el jardín, llamadas *sabadai*, terminando enseguida en el estómago de pájaros expertos.

Comer en silencio
según las reglas

Una vez terminado el *Sanshi no ge*, los *unsui* sostienen con las dos manos el *zuhatsu* en el que está contenido el arroz y lo levantan a la altura de los ojos. Este ritual se llama *keihatsu*, «levantar el cuenco», y es lo mismo que se hace cuando se transporta el *ōryōki*, y antes de disponer y después de haber guardado los cuencos. A continuación, tras haberse asegurado de que el *rōshi* sentado en el puesto de honor y los *senpai* llamados *kosan* han empezado a comer, los novicios toman tres bocados de arroz (o de *okayu*, por la mañana).

Durante las comidas se conserva siempre la postura *zazen*, en los límites de lo posible. Los movimientos se reducen al mínimo y se mantienen las orejas alineadas con los hombros, y la nariz alineada con el punto vital del *tanden*.

Es posible recibir otra ración de arroz y de sopa: a la señal del *rōshi* los *unsui* que quieren más lamen la cuchara y los palillos y los posan en el mantelillo. Se hace el bis respetando los ritmos de los demás, regulando la cantidad y actuando de modo que no se termine de comer demasiado pronto o demasiado tarde.

Lavar los cuencos y volver a ponerlos en su sitio

Cuando todos han terminado de comer se lleva a cabo el ritual de lavado de los cuencos, llamado *senpatsu*. El *jōnin* vierte el té en el cuenco más grande mientras los *unsui* los lavan con la espátula. Después pasan el té del primer cuenco al mediano y al más pequeño y al final lo beben. Tras lo cual el *jōnin* vierte agua caliente y los *unsui* enjuagan el cuenco grande del mismo modo. Después de haberla limpiado posan la espátula y, sosteniendo la escudilla con la mano izquierda, cogen el borde del paño blanco con la derecha y haciéndolo pasar sobre el cuenco lo usan para limpiarlo, secando lo mojado del exterior al interior. Después de haber introducido el agua caliente en los cuencos en orden decreciente y después de haberlos secado, los apilan en la parte izquierda del mantelillo, teniendo cuidado de no hacer el menor ruido.

Secan la cuchara, los palillos y la espátula siguiendo el orden adecuado y los vuelven a meter en su recipiente. Una vez seca la espátula, el *jōnin* llega con un barreño. Recitando el *Sessui no ge* (Versos para ofrecer el agua, véanse págs. 44-45), recoge el agua acumulada en el lavado de los cuencos, que se utilizará para regar las plantas del jardín y que regresará silenciosamente al arroyo.

Al verter en el barreño el agua con la que se han lavado los cuencos, se hace pantalla con la otra mano para no salpicar ni una gota.

RITOS QUE ACOMPAÑAN LAS COMIDAS
Segunda parte: ordenar

UNA VEZ SE TERMINA DE COMER...

Se chupan la cuchara y los palillos tapándose la boca con una mano

A escondidas

En primer lugar el cuenco más grande

Se limpia el interior del cuenco con la espátula

Se posan en el mantelito

手前 En el lado más cerca de uno

El *jōnin* vierte el té

Es para lavar el cuenco

Solo la cantidad que se va a beber

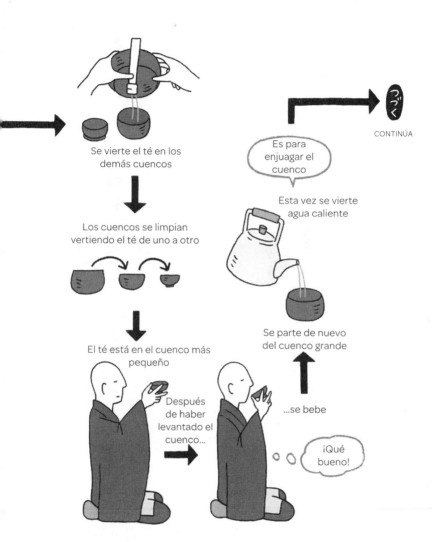

Se vierte el té en los demás cuencos

Los cuencos se limpian vertiendo el té de uno a otro

El té está en el cuenco más pequeño

Después de haber levantado el cuenco...

Es para enjuagar el cuenco

Esta vez se vierte agua caliente

Se parte de nuevo del cuenco grande

...se bebe

¡Qué bueno!

CONTINÚA

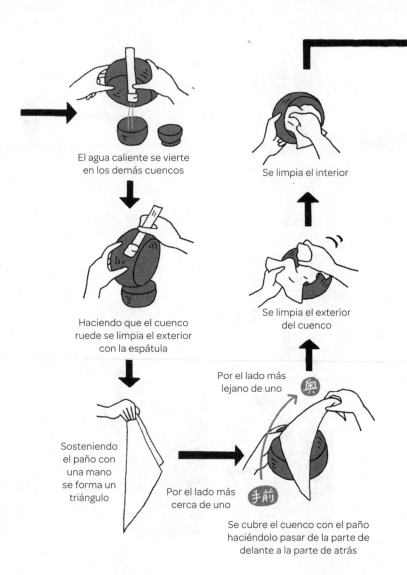

El agua caliente se vierte
en los demás cuencos

Se limpia el interior

Haciendo que el cuenco
ruede se limpia el exterior
con la espátula

Se limpia el exterior
del cuenco

Por el lado más
lejano de uno

奥

Sosteniendo
el paño con
una mano
se forma un
triángulo

Por el lado más
cerca de uno

手前

Se cubre el cuenco con el paño
haciéndolo pasar de la parte de
delante a la parte de atrás

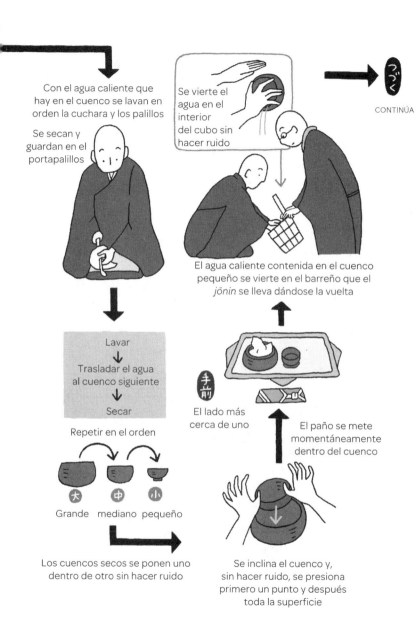

Con el agua caliente que hay en el cuenco se lavan en orden la cuchara y los palillos

Se secan y guardan en el portapalillos

Se vierte el agua en el interior del cubo sin hacer ruido

CONTINÚA

El agua caliente contenida en el cuenco pequeño se vierte en el barreño que el *jōnin* se lleva dándose la vuelta

Lavar
↓
Trasladar el agua al cuenco siguiente
↓
Secar

Repetir en el orden

El lado más cerca de uno

El paño se mete momentáneamente dentro del cuenco

Grande mediano pequeño

Los cuencos secos se ponen uno dentro de otro sin hacer ruido

Se inclina el cuenco y, sin hacer ruido, se presiona primero un punto y después toda la superficie

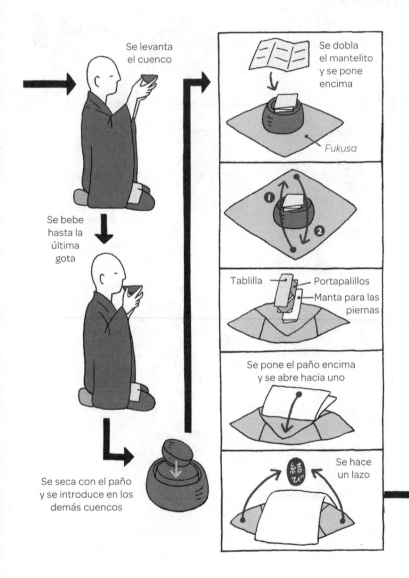

Se levanta
el cuenco

Se bebe
hasta la
última
gota

Se seca con el paño
y se introduce en los
demás cuencos

Se dobla
el mantelito
y se pone
encima

Fukusa

Tablilla — Portapalillos
— Manta para las
piernas

Se pone el paño encima
y se abre hacia uno

Se hace
un lazo

結び

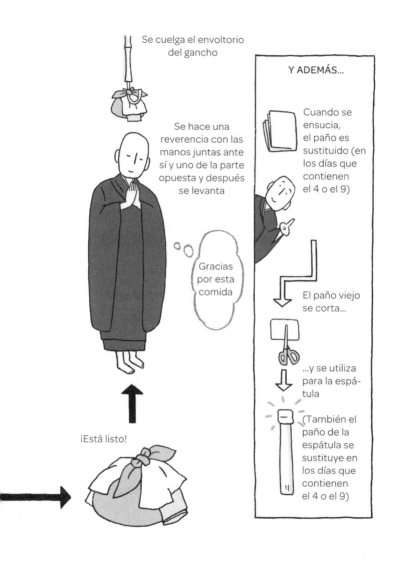

Se cuelga el envoltorio del gancho

Se hace una reverencia con las manos juntas ante sí y uno de la parte opuesta y después se levanta

Gracias por esta comida

¡Está listo!

Y ADEMÁS...

Cuando se ensucia, el paño es sustituido (en los días que contienen el 4 o el 9)

El paño viejo se corta...

...y se utiliza para la espátula

(También el paño de la espátula se sustituye en los días que contienen el 4 o el 9)

Sosteniendo el cuenco con el pulgar y el corazón, los *unsui* lo inclinan hacia sí y vierten el agua en el interior del barreño. Después de haber hecho una reverencia al *jō-nin* levantan el cuenco a la altura de los ojos con las dos manos y beben con gusto el poco de agua caliente que ha quedado en la taza. Luego secan también esta última con el paño blanco y apilan los cuencos uno dentro de otro, como estaban al principio.

Al final cubren el *ōryōki* en silencio con el paño blanco bien estirado y lo envuelven con el *fukusa*. El *jonin* vuelve a pasar llevando el *jōkin*, y por eso los *unsui* se inclinan y levantan el *ōryōki*, permitiendo al *jōnin* limpiar el *jōen*.

Cuando termina la limpieza se oye el sonido del *kai-shaku*. Los *unsui* vuelven a hacer una reverencia con las manos unidas, levantan el *ōryōki* y lo cuelgan de nuevo en el gancho del que lo cogieron.

Se utiliza el sentido común durante el lavado

La que se ha descrito hasta ahora es la sucesión habitual de las comidas en el Eiheiji. Cada utensilio se maneja de forma distinta según sea por la mañana, por la tarde o por la noche, y por eso cuesta mucho recordar todos los pasos de los diferentes rituales. No es exagerado afirmar que los primeros seis meses de noviciado están casi totalmente dedicados a familiarizarse con estas reglas.

Sin embargo, una vez que uno se acostumbra, nada parece tan sencillo y lógico como estos ritos. Parece que se necesita un gran esfuerzo, pero el tiempo necesario para concentrarse sobre estos gestos y realizarlos uno por uno es aproximadamente de cuarenta, sesenta minutos, y esto permite consumir los alimentos de manera extremadamente agradable.

La eficacia de estos ritos se percibe de manera clara cuando son muchos, no cuando son solamente dos o tres. Con el aumento de las personas aumentan también los *jōnin*, y por tanto que los monjes sean diez o cien, no sólo conseguirán terminar de comer más o menos al mismo tiempo, sino también llegados a ese punto ya no tendrán nada que lavar hasta la comida siguiente.

Este sentido común no solo beneficia a las personas: los componentes del *ōryōki* se lavan y se secan cada vez con té y agua, por lo que podrán continuar siendo utilizados durante quién sabe cuántos años sin hacer uso de detergentes y conservando, sin embargo, el máximo nivel de higiene.

El paño blanco se usa y se lava a continuación, y se sustituye por uno nuevo una vez han transcurrido varios meses. Cuando se queda viejo se recicla sustituyéndolo por el paño cosido en la punta del *setsu*.

En los monasterios zen el agua que se usa para lavar el arroz se reutiliza de varias formas: para cocinar, para limpiar o para regar las plantas. El *saba*, el ofrecimiento de los granos de arroz a los animalitos, o el hecho de hacer que regrese el agua del *senpatsu*, rica en nutrientes, al río o a las plantas, podrían parecer a primera vista comportamientos irracionales, pero en el fondo son gestos dirigidos a mantener la armonía en todo el ambiente y a facilitar la prosecución en el tiempo de las actividades humanas. El hecho de que la historia del Eiheiji perdure desde hace más de setecientos años es una prueba evidente de todo esto.

De este modo afirma el *rōshi* Sasagawa Kōsen del templo Tenryūji, situado en la prefectura de Fukui: «Una comida budista no es aquella en la que los hombres se acercan a la comida, sino aquella en la que la comida se acerca a los hombres». Seguramente son palabras que dan una idea exacta de los cincuenta años que han transcurrido poniendo en práctica estos mismos rituales en el Eiheiji.

Probablemente pensaréis que una cosa así no es normal. Solo para empezar, ¿acaso la comida no se lleva a la boca con las manos? En realidad yo también al principio pensaba eso. Sin embargo, si comparo lo que he aprendido con el modo en que comía antes –yendo de acá para allá en busca de cosas buenas que meter en el estómago–, la figura del *rōshi* que se alimenta siguiendo estos ritos me parece como un gran árbol con las raíces bien plantadas en la tierra, las hojas que se abren en el aire y atrapan en silencio la luz y el agua.

El delicioso sabor
de la palabra *itadakimasu*

Lo primero que hay que hacer es transformar estas reglas en un rito. Un ejemplo es inclinar la cabeza y decir: «*Itadakimasu*» con las manos juntas. Es una norma sencilla que en Japón conocen todos, pero raras veces se tiene la ocasión de saber qué significa. Sin embargo, creo que es precisamente este el aspecto positivo de una regla semejante: incluso si el motivo no está muy claro, el interés por tales gestos rituales nunca desaparece.

En mi caso, abrir mis ojos no se debió al descubrimiento del significado de *itadakimasu,* sino a la verdadera comprensión de los versos que se recitan en el Eiheiji: solamente entonces tuve la auténtica y absoluta sensación de que se me caía un velo de los ojos. Probablemente si decir *itadakimasu* no se hubiera convertido en una costumbre, habría tenido la misma sensación también sobre eso. No obstante, al llevar a cabo una norma todos los días se mantiene la curiosidad por todas aquellas cosas «que no se pueden expresar con palabras», que se sobreentienden, y nunca se termina de abrir los ojos sobre ellas.

En este apartado os explicaré de manera sencilla el significado de las palabras que se recitan todos los días en el Eiheiji durante las comidas. Son palabras que se pueden recitar innumerables veces pero que siempre proporcionan una preciosa sabiduría. Si se leen en voz alta, cada vez que se juntan las manos afloran en la mente estas imágenes.

Tenpatsu no ge
(Versos para disponer los cuencos)

El *gemon* se recita al principio, antes de abrir el *ōryōki*. Nos preguntamos cómo el ritual que nos disponemos a llevar a cabo ha sido transmitido hasta nuestros días y meditamos sobre el origen del *ōryōki* que se remonta hasta el Buda Śākyamuni.

Busshōkabira. El Buda nació en el castillo de Kapil-vastu como príncipe de los Sākya.

Jōdōmakada. Percibió la no permanencia del mundo y se hizo monje. Al final de su ascetismo alcanzó la iluminación en Magadha.

Seppōharana. Después, en Varanasi (Benarés), empezó a predicar y a enseñar.

Nyūmetsukuchira. Murió en Kushinagar.

Nyoraiōryōki. Los cuencos han sido transmitidos de este modo por el Buda.

Gakontokufuten. Ahora yo los dispongo de este modo.

Ganguissaishu. El que da, el que recibe y lo que se da, todos juntos.

Tōsanrinkūjaku. Llegan a alcanzar un estado de total distanciamiento de las cosas mundanas.

El hombre es el único animal que come utilizando utensilios y vajilla.

Aquí se ha citado al Buda Śākyamuni, pero prescindiendo de lengua, cultura y religión, gracias a muchos de nuestros predecesores, las personas de todo el mundo comparten esta misma forma de consumir los alimentos. Si pienso en el valor de todo esto, las manos con las que toco los utensilios y la vajilla se vuelven más amables.

Jūbutsumyō
(Los nombres de Buda)

Dando las gracias a los Buda de todo el mundo en el pasado, presente y futuro, recitamos:

Shinjinpashin birūshano fu. Buda Vairochana, puro *Dharmakāya*.
Enmonhōshin rūshano fu. Buda Lochana, completo *Sambhogakāya*.
Senpaikashin shikyamuni fu. Buda Śākyamuni, infinito *Nirmanakāya*.
Tōraiasan mirūson bu. Buda Maitreya, que nacerá.
Jihōsanshi ishishi fu. Todos los Buda a través del espacio y el tiempo.
Daijin myōharingakin. *Sūtra* Mahāyāna del loto del sublime Dharma.
Daishin bunjusuri busa. Mañjuśrī *bodhisattva* de la gran sabiduría.
Daijin fuen busa. Samantabhadra, *bodhisattva* de la gran actividad.
Daihi kanshiin busa. Avalokiteśvara, *bodhisattva* de la gran compasión.
Shison busa mokosa. Los honorables *bodhisattva* y *mahāsattva*.
Moko hoja horomi. Gran perfecta sabiduría.

Por la mañana sale el sol, por la noche brilla la luna. Aunque no nos parezca que afecta directamente a la comida, existe una misteriosa fuerza invisible que actúa universalmente y sostiene este mundo.

Gokan no ge
(Versos de las cinco contemplaciones)

Meditemos sobre estos cinco puntos.

El primero:
Kō no tashō wo hakari ka no raisho wo hakaru
(Reconozcamos el esfuerzo realizado para obtener estos alimentos).

El segundo:
Onore ga tokugyō no zenketyto hakatte ku ni ōzu
(Preguntémonos si nuestra virtud y nuestro trabajo son dignos de este don).

El tercero:
Shin wo fusegitoga wo hanarurukoto ha tontō wo shūtosu
(Reconozcamos que la avidez obstaculiza la libertad de la mente).

El cuarto:
Masa ni ryōyaku wo koto to suru ha gyōko wo ryōzen ga tamenari
(Reconozcamos que esta comida afianza la vida).

El quinto:

Jōdō no tame no yue ni ima kono jiki wo uku

(Recibamos ahora esta comida por el bien de la Vía).

Suisan no ge
(Versos para alimentar los espíritus)

Pensemos en el objetivo por el que se ofrece el saba: en realidad no se trata de compartir la comida solamente con los pájaros que comerán los granos de arroz, sino con todos los seres vivos, y mostrar nuestra gratitud y nuestra compasión hacia ellos.

Jitenkijinshū
Gokinsujikyū
Sujihenjihō
Ishikijinkyū

Ofrezcamos estos alimentos
a todos los Espíritus hambrientos
que vagan en las diez direcciones

Al principio no comprendía el sentido de todo eso. Poco después entendí cuál era el destino de los granos de arroz recogidos y me llevé una sorpresa. Aquellos granos de arroz se posaban en pedestales de piedra llamados *saba-dai*, situados en el exterior de la sala de meditación, y los pájaros que lo sabían acudían a comerlos. Cuando vi todo aquello con mis propios ojos pensé que me había salvado.

Sí, precisamente yo. En el periodo en el que apenas había empezado el noviciado estaba tan empeñado en saciar mi apetito que no tenía tiempo de preocuparme de los demás; sin que nadie me viera comía a escondidas y me peleaba con mis compañeros por la cantidad de las raciones. Cuando comprendí que en realidad también en una situación como esa se ofrecía alimento a los pájaros, experimenté tal serenidad que –cuando ya me odiaba a mí mismo– aquello me salvó. Comprendí que, aunque de manera inconsciente, había purificado mi espíritu practicando estos ritos.

Keihatsu no ge
(Versos para levantar el cuenco)

Reverenciemos a todos los seres: los tres Tesoros (Buda, Dharma y Sangha), los Cuatro Benefactores (los padres, la sociedad, el Pueblo, la naturaleza), los Seis Reinos (el reino de los cielos, el reino humano, el reino animal, el reino de los demonios, el reino de los condenados y el reino de los infiernos).

Jōbunsanbō. Ofrezcamos estos alimentos a los Tres Tesoros.
Chūbunshion. Ofrezcamos estos alimentos a los Cuatro Benefactores.
Gekiyūrokudō. Ofrezcamos estos alimentos a los seres de los Seis Reinos.
Kaidōkuyō. Que todos puedan saciarse.

Sanshi no ge
(Versos de los tres bocados)

Ikkuidan'issaiaku. El primer bocado es para no hacer el mal.

Nikuishuissaizen. El segundo es para hacerlo todo bien.
Sankuidoshoshujō. El tercero es por la libertad de todos los seres.
Kaigujobutsudō. Y que puedan realizar el Camino de Buda.

Masticad los tres primeros bocados teniendo estos pensamientos en la cabeza. Incluso en el así llamado *Sahā* (el mundo exterior al monasterio), con los tres primeros bocados se come fundamentalmente el alimento principal, ya sea arroz o pan. Si se trata de pan, dad tres suaves mordiscos antes de untar mantequilla o mermelada; si se trata de arroz, saboreadlo antes de comer el *umeboshi* o la sopa de miso. Sin duda os parecerá que las comidas de todos los días se han vuelto misteriosamente mejores.

Sessui no ge
(Versos para ofrecer el agua)

Gashisenbassui
Nyotenkanromi
Seyokijinshu
Shitsuryōtokubōman
Onmakurasaisowaka

El agua que ha lavado los cuencos
tiene el sabor de la ambrosía
la ofrecemos a todos los Espíritus
que puedan ser satisfechos

El día anterior al comienzo de mi noviciado en el Eiheiji me invitaron a comer carne a la brasa en un lugar cerca del monasterio. Dije: «Pronto ya no podré comer una delicia como esta» A lo que, oíd lo que me respondió el maestro: «¡Pero qué dices! Las comidas del Eihejij son las mejores del mundo».

Entonces creí que me lo había dicho para consolarme, porque siempre había pensado que por *shōjin ryōri* se entendía la práctica de comer en silencio comidas frugales e insípidas. Sin embargo, las palabras del maestro eran verídicas. El *okayu* –que no es otra cosa que arroz demasiado cocido con ningún otro ingrediente añadido– parece realmente «el alimento más rico del mundo». Cuando se yergue la espalda, se tiene frío y hambre y se come diciendo una plegaria y siguiendo el ritual, incluso el *okayu*, que hasta ese momento había considerado algo que se come solamente cuando se está enfermo, parece más sabroso que cualquier comida de lujo. Un buen sabor no es algo que tiene una existencia en sí misma, separada de mí; por el contrario, he percibido la calidad del alimento precisamente en el instante en que él y yo nos hemos encontrado a mitad de camino.

Dōgen Zenji recomienda expresarse con un lenguaje amable hacia las cosas utilizando el término «*okayu*» y no «*kayu*», «*otoki*» y no «*toki*», anteponiendo el prefijo honorífico «o». Si prestáis atención a las palabras que usáis, la comida –o vosotros mismos que la estáis honrando– sufrirá una transformación.

Cuando hablamos de las comidas que consumimos, utilizar la forma humilde del verbo comer, o sea *itadaku* (de la que deriva la palabra *itadakimasu*, que en Japón se pronuncia antes de cada comida), es una costumbre muy hermosa. Cuanto más logréis percibir el poder naturalmente implícito en esa palabra, más os proporcionará una sensación de felicidad todo lo que comáis.

Estos son los rituales que quiero seguir aprendiendo cada día.

Gochisōsama   Itadakimasu

La alegría de comer todos juntos

En la base de la alimentación está «comer todos juntos». Siempre necesitamos buscar a alguien con quien comer. Para poder apreciar un menú sencillo centrado en el arroz, lo ideal es compartirlo con los demás. Aunque no nos demos cuenta, tendemos a descuidar los ritos vinculados a las comidas y conseguimos prestarles más atención precisamente comiendo en compañía. Esta fuerza misteriosa se llama *daishū no ijinriki*.

En el Eiheiji se llevan a cabo numerosas estrategias para actuar de modo que la mayor parte de los *unsui* consuma las comidas juntos. Es el fuerte sonido del *unpan* el que avisa a todo el monasterio que los preparativos para las comidas han terminado. Antes de las comidas se queman los inciensos y suenan tambores, campanas y gongs, como si se tratara a todos los efectos de un *matsuri*.

Y como consecuencia, no se come a escondidas. Nadie come según su capricho sin pedir permiso, sino que todos los miembros comen siguiendo una especie de ley que está fuera de ellos mismos. Me ha venido a la memoria que por el contrario, fuera del monasterio, en los momentos en que había mucho que hacer, me escabullía sigilosamente de los demás y terminaba la comida a escondidas, con la intención de saciarme. Otra diferencia es que en el Eiheiji hay una preocupación por regular la velocidad con que se come con la de quien está alrededor. El que come deprisa se adapta al que come lentamente, y viceversa, y, para adaptarse, hay quien reduce la cantidad de cada bocado y mastica en secreto un grano cada vez.

Limitar el ego al mínimo y actuar del mismo modo que todos los demás, de alguna manera, da la sensación de que se sacia el hambre. La primera vez que lo probé, la felicidad que sentí fue indescriptible.

Una comida no es solo meter comida en la boca y llenar el estómago. ¿Acaso colaborar mutuamente y trabajar por la comida, distribuirla igualmente entre ancianos, niños y enfermos, y comer, no ha estado siempre en la base de la vida humana? Sin duda habrá habido veces en que la comida ha sido disputada, pero seguro que hemos aprendido que en el fondo tratar a los demás con respeto y comer todos juntos es una costumbre que no puede sino beneficiar a todos, de manera recíproca.

Además, solamente compartiendo una comida con alguien aumenta el sentido de solidaridad, y teniendo confianza y compartiendo el mismo espacio se refuerza también la amistad. Puede parecer un fastidio, pero yo creo que pensar en todos es muy útil para crear armonía a largo plazo en una comunidad.

La satisfacción que se siente estando sentados con la espalda recta

Durante las comidas sentarse en posición *zazen* es fundamental. Quizá a alguien le parezca molesto, pero en realidad no lo es. Si uno se acostumbra, tal postura es una forma cómoda de sentarse que no carga el cuerpo con un peso, hasta el punto de haber sido definida como «la puerta del Dharma a la felicidad o a la serenidad».

Se percibe inmediatamente cuando se está sentado durante mucho rato. Para hacer un experimento, probad a sentaros en cualquier parte –una silla o un sofá servirán– en el modo en que os parezca más cómodo: si permanecéis quietos en la misma postura, en pocos minutos el cuerpo os empezará a doler.

En cambio, si os acostumbráis a la postura *zazen*, conseguiréis estar sentados cómodamente durante una o dos horas sin moveros. Se tiende a insistir en la dificultad de mantener las piernas cruzadas pero este es sencillamente el modo más apropiado de colocar las piernas para mantener estable la mitad superior del cuerpo. Hasta que no nos liberamos de todos los malos hábitos en lo que se refiere a la postura, puede ocurrir que se sienta dolor al tener las piernas cruzadas. En ese caso, no exageréis y no insistáis: probad en cambio a concentraros en estar sentados manteniendo la espalda recta.

En los monasterios zen se enseña un truco muy sencillo para mantener esa postura. Se define como *gannōbichoku*, o sea mantener alineados orejas y hombros, nariz y punto del *tanden*.

Probad a hacer de modo que, vistos lateralmente, la oreja y el hombro estén en la misma línea y, vistos de frente, las líneas que unen horizontalmente una oreja con la otra y un hombro con el otro sean paralelas. Por otra parte, haced de modo que, suponiendo que se colgara una plomada de la punta de la nariz, esta coincidiera con la posición del *tanden*. Haciendo esto conseguiréis estar sentados derechos de manera natural. El peso de la cabeza se distribuirá uniformemente, la espina dorsal estará recta pero flexible, el pecho se abrirá de forma natural y la respiración será profunda. El esfuerzo excesivo desaparecerá y también se desarrollarán el gusto y el olfato.

En los últimos tiempos, por ejemplo –será por la difusión de esa comida rápida que se puede comer con una sola mano–, suelo ver personas que comen con los codos en la mesa. Sin embargo, si se apoyan los codos no se puede tomar la comida sin llevarla a la boca con ambas manos. Por otra parte, los codos no han sido pensados para sostener el peso del cuerpo, y por eso, para sostenerlo, los músculos de los hombros y de la espalda se ven obligados a permanecer en tensión, la respiración se vuelve corta, la circulación empeora y se ven afectados también el gusto y el olfato. Si se está sentado recto frente a la comida, se mantiene el cuerpo en forma, sin someterlo a una carga o a una tensión inútiles, y el tacto, el gusto y el olfato funcionarán vigorosamente. Observar el *gannōbichoku* ayuda al abstracto trabajo del control mental. Por ejemplo, mientras consumís un alimento con las piernas cruzadas ¿podéis ver la televisión? Probad a hacerlo y comprenderéis que es casi imposible. Del mismo modo, en cuanto uno se distrae se coge una postura incorrecta. Por el contrario, si se controla la propia postura, se conseguirá además controlar la mente y poner en práctica con naturalidad una regla difícil como «no mirar el plato de los demás».

En los tiempos antiguos los monjes tomaban una comida al día, después llegaron hasta dos. En el Eiheiji, actualmente, gracias al principio de la llamada «medicina de la tarde», también en horario vespertino se toma una comida, llamada *yakuseki*. Os preguntaréis si no surgen problemas por comer tan poco: sabed que, aunque parezca extraño, si se come sentado correctamente uno se siente lleno y no se llega nunca a comer demasiado.

La postura que tomamos cuando nos alimentamos influye en todos los aspectos de la vida, y, por eso, aprovechad la oportunidad que os brindan las comidas –que se repite más veces en una misma jornada– para conocer vuestras costumbres: con la mejora de la postura seréis capaces además de experimentar cambios en vuestro estado de ánimo.

Otro truco para permanecer sentados derechos es imitar a los demás. Buscad el modo de comer con personas que tengan una buena postura y, si se trata de amigos queridos, felicitaos mutuamente y probad a imitarlos. Reflexionad sobre ello: aunque solos no lo consigáis inmediatamente, buscad los aspectos positivos de los demás e imitadlos, después de lo cual consumir los alimentos estando sentados de este modo empezará poco a poco a pareceros cómodo.

El anterior prior del Eiheiji, Ekiho Miyazaki, dijo lo siguiente: «El aprendizaje viene de la imitación. Si se imita durante un día, es una imitación de un día; si se imita durante dos días, es una imitación de dos días; si se imita durante toda la vida, la imitación se convierte en el verdadero original». (Especial de la emisora NHK, *El maestro zen de ciento cuatro años del Eiheiji*, emitido en junio de 2004).

La belleza de comer
con «dedos puros»

En el Eiheiji el pulgar, el índice y el corazón se definen como *jōshi*, o «dedos puros». Durante las comidas se utilizan en los límites de lo posible solamente estos tres dedos para comer las diversas partes que componen el *ōryōki*, mientras el anular y el meñique hacen solo de acompañamiento. Al hacer esto, no solo se consigue manejar con extrema delicadeza y discreción los utensilios y los cuencos, sino también los gestos se muestran maravillosamente elegantes.

Una vez que esta sensación se ha extendido a la punta de los dedos, probad a juntar con cuidado las manos en la postura del *gasshō*.

En el Eiheiji se aprende esta postura alineando todos los dedos y juntando las palmas. Estirad ligeramente los codos de modo que los dos dedos corazones queden perpendiculares al suelo y que las manos juntas mantengan siempre una distancia del cuerpo de un puño aproximadamente.

El hecho de mantener todos los días la punta de los dedos rectos los somete a una tensión excesiva, que provoca una serie de cambios en el cuerpo y en la mente. En consecuencia, surge espontáneamente estar agradecidos también a los utensilios y los cuencos que nos evitan este esfuerzo.

Durante mi estancia en el monasterio zen de Nanputuo, en la provincia china de Fujian, me quedé sorprendido al ver que los monjes comían en cuencos de cerámica. He oído decir que solo gracias al invento de la que en el extranjero es conocida como «laca de Japón», ha sido posible obtener vajillas que no transmitieran el calor, cosa que ha permitido a su vez la típica costumbre japonesa de comer sosteniendo el cuenco en la mano.

Vivo en Berlín desde hace cinco años pero realmente no me ha sido posible ver a una familia europea que elija su propio plato y su propio tenedor. Cuando lo pienso dirijo la mirada a Japón, que transmite desde hace siglos la cultura de poseer unos palillos y un cuenco personales y de tratarlos con el máximo cuidado, como se hace con uno mismo, y me entran deseos de unir los dedos y las manos en el gesto del *gasshō*.

El cuenco más grande se llama «cabeza de Buda»

El cuenco se trata con delicadeza

La cortesía de comer sin hacer ruido

Comer en silencio es uno de los ritos alimenticios del Eiheiji que más grabado se me ha quedado.

Hay personas que tienen opiniones discordantes sobre este asunto. Alguien podría pensar que comer en silencio transmite una sensación de frialdad. A decir verdad yo también en un tiempo atribuía mucha importancia a las conversaciones que tenían lugar durante las comidas, y las veía como una ocasión de comunicarme con los amigos y la familia. Sin embargo, en cuanto aprendí las reglas del Eiheiji, cambié un poco mi opinión. Al principio pensaba que comer en silencio sería muy extraño, pero en realidad, al ponerlo en práctica, se me reveló como muy divertido.

En el Eiheiji no importa hasta qué punto algo parece bueno, pues durante los comidas no se expresa impresión personal alguna en voz alta. Además, a costa de murmurarlo dentro de uno, nunca se da las gracias a personas específicas. Al principio todo eso me parecía aburrido. Que quede entre nosotros, pero sería mentira si dijera que después de las comidas no haya proferido nunca a escondidas cosas como: «¡El estofado tenía un sabor riquísimo!». En cualquier caso, en el apogeo de la juventud, la máxima felicidad que se experimenta en la sala de meditación es la de comer.

A pesar de todo, comprendí después que mientras tomaba una comida no estaba en absoluto descuidando la comunicación, sino que estaba dando prioridad a la gratitud sentida por todas las formas de vida.

Es divertido hablar de comida, y en su momento podría apetecerle también al que cocina. Sin embargo, cuando pronunciamos una palabra, rompemos una conexión. No se trata de poner en segundo plano la comunicación entre seres humanos, sino simplemente conceder la máxima importancia a la comunicación con todas las formas de vida.

Además, comiendo en silencio sin exteriorizar las propias emociones con varios «Qué bueno», «Gracias», «Qué alegría», las emociones de los demás son no obstante comprensibles examinando gestos y expresiones. También si no decís «Qué bueno» en el momento, podréis después hacer feliz a la persona que ha cocinado por medio de gestos silenciosos. He comprendido que existe una gran diferencia entre declarar públicamente lo bueno que está algo o revelarlo confidencialmente a la persona interesada incluso después de muchos años.

Si se come sin hablar, los demás sonidos sobresalen, y por eso gracias al silencio nos podemos concentrar mejor y comer con mayor conciencia. Aunque se adopte la expresión «dirigir la propia conciencia», no es sobre nosotros mismos en quien nos debemos concentrar, sino en la sensación de convertirnos en un todo con la comida que se toma, precisamente gracias al silencio.

En vez de en uno mismo, nos preocupamos sobre todo de las personas que están a nuestro alrededor, y del hecho de que consiguen concentrarse. Por ejemplo, las personas que se encuentran alrededor de un recién nacido están siempre tensas precisamente porque no pueden comportarse siguiendo las reglas. Por el contrario, precisamente porque según las reglas se necesitará respetar el silencio, es muy difícil que la vajilla y la cubertería se acaben cayendo, y por eso las personas que están a nuestro alrededor estarán tranquilas y completamente a sus anchas. Como consecuencia, este espíritu se nos transmitirá a nosotros, que también nos sentiremos a nuestras anchas. He comprendido que, a fin de cuentas, comer sin hacer ruido es algo que se hace sobre todo para uno mismo. Al respetar el silencio tendréis la sensación de encontraros no en un restaurante en el que os meten prisa, sino en vuestro café preferido, en el que podéis sentiros cómodos.

El modo de colocar los componentes del *ōryōki* durante el rito del *tenpatsu* está establecido de manera rigurosa.

Es obligatorio utilizar los palillos con la mano derecha; en el extremo izquierdo se coloca el cuenco más grande en el que se sirve el arroz, a su derecha va el cuenco mediano que contendrá la sopa, y en el extremo derecho está situado el cuenco más pequeño.

«El arroz va a la izquierda, la sopa de miso a la derecha».

Todo esto sigue el principio de colocar más lejos de uno las cosas altas, y las más bajas en la parte de la mesa más cerca de uno. ¿No se tratará quizá en este caso de recuperar unas reglas que aprendimos de pequeños?

Si colocáis los cuencos y los utensilios siguiendo semejante lógica, estos serán fáciles de coger y difícilmente ocurrirá que se caigan. De este modo conseguiréis comer sin que los cuencos choquen entre sí y sin hacer ruido. En la costumbre de comer en silencio prevalece también la preocupación por la comparación con los demás e incluso el que asiste a la comida estará tranquilo.

Comer en armonía con los propios compañeros, sin hacerlo demasiado rápido o demasiado lento, pensar con atención en la forma de colocar y utilizar los utensilios... Es mucha la sabiduría de los monjes que son capaces de transmitir esa paz originada por el silencio, capaz de mantenerse viva en el tiempo y en el espacio.

Si se sigue la lógica uno no puede equivocarse

Pequeña

Desde la propia derecha a la propia izquierda, se va de la más pequeña a la más grande

Grande

LAS REGLAS BÁSICAS DE LA PREPARACIÓN DE LOS ALIMENTOS

No importa solo cómo se come, sino también cómo se cocina

Dōgen zenji dio poca importancia a la alimentación y puso mala cara

No se trata solo de comer. En el Eiheiji también cocinar se considera un aspecto importante de las prácticas budistas, y en el *tenzoryō*, la cocina en la que trabaja el *tenzo*, todos los alimentos siguen reglas rigurosas. En la cocina del monasterio se asignan tareas incluso a los principiantes, independientemente de su experiencia, y no es temerario afirmar que precisamente gracias a tales reglas todos son capaces de desenvolverse perfectamente después de unos meses.

En el *Tenzō kyōkun* Dogen Zenji reafirma a continuación hasta qué punto el papel de quien se ocupa de la cocina posee un carácter de sacralidad. Respecto a la comida, cocinar no es un requisito esencial para vivir, y por eso ¿por qué motivo se tiene en tanta consideración? Si leéis el *Tenzo kyōkun*, comprenderéis una cosa muy interesante, y es que para el propio autor, de joven, la comida tampoco era tan importante.

Dōgen Zenji nació en Kyōto en 1200 y a los catorce años entró como monje en el Enryakuji, en el monte Hiei. En 1223, en busca del Camino de Buda, atravesó el océano en un barco para ir a estudiar a China.

Al llegar al puerto Song de Ningbo, mientras esperaba que le dieran permiso para bajar del barco, un viejo maestro subió a bordo en busca de setas *shiitake* japonesas. El anciano monje era el *tenzo* del monasterio ubicado en el monte Ayuwang, a veinte kilómetros de distancia del puerto, y había hecho todo ese camino para regalar algo bueno a los *unsui* que ponían tanto empeño en las prácticas ascéticas.

El encuentro con aquel viejo maestro produjo un gran impacto en el joven monje, que le invitó a tomar un té y le preguntó a qué hora tendría lugar su regreso al monasterio. El maestro le dijo que no podía pernoctar en el barco y que, en cuanto adquiriera los *shiitake*, volvería a marcharse inmediatamente. Entonces Dōgen preguntó al hombre, que con más de sesenta años continuaba matándose a trabajar:

–¿Por qué un anciano como tú no cumple sus funciones entre las paredes del monasterio dedicándose a la meditación *zazen* o leyendo los pensamientos de los antiguos? ¿Qué hay de bueno en los cansados trabajos de la cocina? ¿No sería mejor confiarlos a un monje joven?

El maestro se echó a reír y respondió:

–Jovencito que vienes de Japón, parece que aún no comprendes en qué consiste la práctica y qué significan los caracteres. Sin embargo, seguro que también llega para ti el momento de entender.

Ante esta respuesta Dōgen recordó haberse sentido realmente confuso.

–¿Qué es la práctica? ¿Y qué son los caracteres?

El maestro dijo:

–Si olvidas las cosas que acabas de preguntarme, conseguirás entender qué son los caracteres, y conseguirás distinguirlos de la práctica.

Al ver que Dōgen no comprendía estas palabras, el maestro continuó:

–Si aún sigues sin entenderme, ven un día al monasterio del monte Ayuwang y hablaremos de todo con calma.

Y dicho esto se levantó y se fue «antes de que se hiciera de noche». Dogen volvió a encontrar al maestro más tarde y le expresó su gratitud porque gracias a él había comprendido qué eran los caracteres (la palabra escrita) y hasta qué punto había alcanzado la iluminación: le dijo posteriormente que había sido para él un gran benefactor y que sus palabras le habían estimulado para emprender la escritura del *Tenzo kyōkun*. Si Dōgen no hubiera encontrado a aquel anciano monje, quizá la comida no habría llegado a tener tan gran importancia entre las prácticas zen. Más tarde, Dōgen Zenji conoció a un monje llamado Tiantong Rujing, y después de que este le hubo transmitido el verdadero Dharma, decidió regresar a Japón.

El Dharma no es sino el conjunto de las enseñanzas de Buda Śākyamuni, o sea el budismo. Como se expresa por los conceptos de *furyūmonji* («no depender de la palabra escrita») e *ishindenshin* («comunicar a través de la mente»), estas enseñanzas no se pueden expresar con palabras, sino que se transmiten de persona a persona, de generación en generación, así como Mahākāśyapa, el discípulo directo de Buda Śākyamuni, las transmitió a su discípulo Ananda... Partiendo de Buda Śākyamuni, Dōgen Zenji fue el discípulo de la quincuagésima primera generación.

En la doctrina zen trasladar el Dharma de maestro a discípulo se define como «heredar los hábitos y los cuencos»: esto se refiere a la tradición histórica de dejar a los sucesores la ropa y las escudillas, que son los únicos bienes que poseen los monjes, como prueba de que Buda Śākyamuni había transmitido correctamente el Dharma a Mahākāśyapa. En realidad, no hay forma de demostrar la existencia de esta tradición, pero sin duda el dicho da a entender de manera evidente cuánta importancia tienen la comida y sus rituales en la práctica zen.

Lo que Dōgen Zenji aprendió en el continente

Una vez terminado su periodo de estudio en el extranjero, a los veintiocho años Dōgen Zenji regresó a su patria y se estableció en el monasterio Kenninji de Kyōto. Cuando le preguntaron qué había aprendido en China, respondió: «He vuelto con las manos vacías. El budismo se basa en cosas obvias, como el hecho de que los ojos son horizontales y la nariz vertical».

En los años siguientes, se reunieron en torno a él cada vez más discípulos, en busca del Camino de Buda: diez años después decidió construir una auténtica y propia sala de meditación y abrir el Eiheiji entre las montañas de Echizen. Fue ahí donde se escribieron el *Tenzo kyōkun* y el *Fushukuhanpō*.

Cuando aún eran pocos para llevar a cabo las prácticas ascéticas, Dōgen Zenji transmitía sus enseñanzas «improvisando», pero cuando sus seguidores aumentaron y el grupo creció ya no pudo fiarse de este método.

Que la comida es importante es algo obvio para cualquiera, y por eso a veces se tiende a considerar como «aburrimiento excesivo» todas las reglas que giran alrededor de este aspecto. Sin embargo, Dōgen Zenji experimentaba tal entusiasmo que no pudo hacer menos que transcribirlo.

Gracias a estos dos libros, las normas alimenticias que hasta entonces se habían puesto en práctica «del modo en que era obvio que fueran», se transmitieron a las siguientes generaciones con mayor claridad.

En el *Fushukuhanpō*, Dōgen Zenji criticó duramente las condiciones alimentarias del Japón de entonces –en el que la comida gozaba de poca consideración–, definiéndolas como «iguales a las de los animales», y elevó tal cuestión al rango de Dharma, haciendo de la alimentación el elemento central de las prácticas budistas. Muy probablemente Dōgen Zenji fue un personaje bastante revolucionario en la sociedad de la época. Si pensáis que ahora, por muy importante que pueda ser un monje, no puede llevar a cabo las prácticas budistas si no ha comido antes, no es exagerado afirmar que la frase «la comida es como el Dharma» ponga en el mismo plano los dos conceptos.

Que la comida esté considerada en el budismo como una de las famosas enseñanzas de Buda Śākyamuyi es uno de los mensajes más importantes que Dōgen Zenji ha dejado a nuestras generaciones.

Preparar la comida con «las tres mentes»

Dōgen Zenji definió las tres actitudes mentales que es necesario adoptar mientras se preparan las comidas: *kishin* (la «mente gozosa»), *rōshin* (la «mente de los padres») y *daishin* (la «mente magnánima»).

La «mente gozosa» es la mente que se alegra de las coincidencias. En el budismo se piensa que las cosas no tienen sustancia, sino que están formadas por un conjunto de causas y efectos. Si se toma como ejemplo la prueba científica de que los seres humanos son una aglomeración de átomos, lo que llamamos «yo mismo», alterando ligeramente la combinación, habría podido ser una piedra, un insecto o un fruto. Tener la suerte de haber nacido humanos, y por añadidura ser conscientes de la grandeza de la tarea de preservar nuestra vida y nuestra especie, es algo milagroso. La mente que es capaz de regocijarse de todo esto, y de aplicar tal sentimiento a la cocina, es la «mente gozosa» frente a la comida.

La «mente de los padres» es la mente de una madre que piensa en su hijo, la llamada «mente de una mujer anciana». A una madre no le importa si morirá de hambre: lo primero de todo pensará en su prole. La enseñanza capaz de transmitir semejante espíritu está perfectamente expresada en la práctica llevada a cabo en el Eiheiji de tratar los utensilios y los cuencos como si formaran parte del propio cuerpo. También el hecho de estimular a alguien utilizando palabras duras –tan difícil de hacer con los extraños– es posible precisamente por la presencia de este sentimiento padre-hijo.

La «mente magnánima» es una mente imparcial, que no hace distinciones. Aunque racionalmente sabemos que no debemos dejarnos engañar por la común idea del valor, y debemos tratar todas las cosas con equidad, exactamente como hace el mar, no siempre es fácil mirar del mismo modo un bolso de Prada y una bolsa de la compra.

Estas tres mentes van unidas indisolublemente una a otra, pero si empezamos a hacer que prevalezca una de ellas, la armonía se pierde. Por ejemplo, si uno se inclina por la «mente gozosa» y la «mente de los padres», que hemos citado las primeras, se termina siendo parcial y entonces la «mente magnánima» queda anulada.

Cuando la «mente gozosa» es completa, la parte evidente parece precisamente esa, pero en el envés actúan la «mente de los padres» y la «mente magnánima»; del mismo modo tampoco la «mente de los padres» puede estar completa sin las otras dos. Lo más importante es no concebirlas como entidades separadas, sino ponerlas en funcionamiento de manera conjunta en la vida cotidiana.

El *senpatsu* está al final
y al principio de cada comida

Shakutei no ichizansui nagare wo kumu sen'oku no hito («Cien mil millones de personas aprovechan el agua que queda en el fondo del cucharón»).

Estas palabras grabadas en las columnas situadas en la entrada del Eiheiji nos recuerdan la figura de Dōgen Zenji, que echaba con cuidado al río el agua que quedaba en el fondo del cucharón.

El significado es que incluso una sola gota de agua, si se restituye a un arroyo, llega hasta el mar, se convierte en una nube y se transforma en la vida capaz de mantener a todos los seres humanos que la reciben en el mundo.

La norma que permite poner en práctica estas palabras es el ritual del *senpatsu*: al final de las comidas, los *unsui* lavan los cuencos con el té y el agua caliente que sirve el *jōnin*. Al principio se necesita mucha agua, pero cuando uno se habitúa se llega a ser capaz de lavar bien incluso con poca, y se consigue determinar la cantidad mínima necesaria. Recitando el *Sessui no ge*, el agua utilizada para el lavado se vierte en el barreño del *jōnin,* y luego, levantando el cuenco, se beben las últimas gotas que quedan en su interior. Están tan buenas que casi nos hacen tocar el cielo con un dedo. Al principio yo sentía un poco de aversión por esta práctica, pero progresivamente se ha convertido en la parte preferida de cada una de mis comidas y he llegado a un punto en el que, si no la sigo, tengo como la impresión de no haber comido. Cuando el *senpatsu* ha terminado y los *ōryōki* se han guardado, suena un tambor. Es la señal de que en todo el monasterio los *unsui* empiezan los trabajos. El ritual de lavar los cuencos señala al mismo tiempo el final de una comida y el inicio de la siguiente.

Probad a lavar vuestra vajilla después de las comidas con té o agua caliente, incluso fuera del monasterio. Conseguiréis disfrutar del delicioso sabor del arroz hasta el final, sin desperdiciar ni un grano. Además, como el té hirviendo purifica la vajilla, lavar se convierte en algo sencillo. Pero recordad hacerlo dejándoos guiar siempre por las tres mentes. Sin mirar a los demás, un ritual corre el riesgo de volverse arrogante o de provocar una discusión. Es necesario prestar atención a no meter prisa a los comensales, empezando a lavar los cuencos cuando estos aún no han terminado, o bien a no iniciar el ritual del lavado de repente, sin que el que está enfrente lo haya advertido.

Cuando seáis capaces de ver el *senpatsu* como algo natural, incluso volver a ordenarlo todo os parecerá parte integrante de la comida: cuando, por ejemplo, os inviten a su casa amigos íntimos, conseguiréis disfrutar mucho más del tiempo que paséis juntos si os ponéis a recoger juntos al final de la comida.

Si se es consciente
de la importancia de poner
las cosas en círculo, el
despilfarro disminuye

El agua del lavado del
arroz se convierte en
un fertilizante

Reordenar colocando arriba todo lo que queda estable arriba, y abajo todo lo que queda estable abajo

Las reglas zen relativas al orden se resumen en la expresión *kōshokōhei teishoteihei*, o sea «colocar arriba todo lo que queda estable arriba, y abajo todo lo que queda estable abajo». Juntar por lo tanto los utensilios en el lugar al que son destinados.

Arriba se colocan las cosas ligeras, de acuerdo con la ley de la gravedad, mientras abajo se guardan las cosas que pueden romperse fácilmente, como los líquidos y las botellas o los objetos más grandes y pesados. Las cosas se dividen por categorías, colocando detrás las más altas (o más grandes) y delante las pequeñas, de modo que se puedan coger y volver a poner en su sitio con facilidad y que sea fácil manejarlas en el momento en que se utilizan.

El primer modelo que nos enseña cómo tener las cosas en orden de modo espontáneo es la naturaleza.

En el *tenzoryō* aprendí que, aun costando tiempo y esfuerzo, las comidas se preparan con cuidado a pesar de que no se expondrán para ser admiradas en una mesa. Poned cada cosa en su sitio, sin que haya demasiadas cosas en la superficie de trabajo y evitando el desorden.

En un laboratorio deben estar presentes solamente los objetos que es necesario utilizar en ese preciso momento, de manera que se tenga disponible el mayor espacio posible. Arriesgarse a que se puedan caer los utensilios que se usan para trabajar, especialmente si se trata de cuchillos, es peligroso. Extended un paño de cocina bajo los objetos que tengan tendencia a resbalar, como las tablas de cortar, de modo que queden paralelos al borde de la mesa de trabajo.

En el Eiheiji el cubo de la basura está indicado escribiendo la palabra «basura» con los ideogramas homófonos, que significan «respetar» y «bello»: también los objetos que ya no sirven son tratados con cuidado y se consideran «cosas bellas a las que hay que respetar», cosas que es esencial mantener en orden. Se elige entonces un «cubo de basura» sólido y de buena calidad, que se mantendrá limpio y cuidado. El ideal sería sacar provecho de todo lo que se tiene a mano hasta el final y no tirar nada, pero en el momento en que no se tiene más remedio que tirar algo sería necesario coger el de-

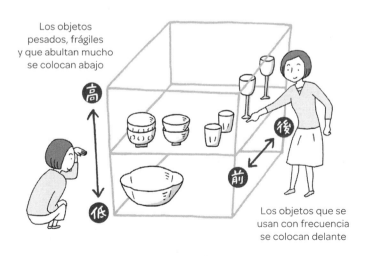

Los objetos pesados, frágiles y que abultan mucho se colocan abajo

Los objetos que se usan con frecuencia se colocan delante

secho con las dos manos, levantarlo e introducirlo en la «basura» de modo que se haga el menor ruido posible.

Todos estamos sujetos a las leyes de la gravedad y de la naturaleza, y la naturaleza no tiene nada inútil. Las hojas de los árboles crecen en la posición en la que reciben más fácilmente la luz del sol, los insectos pliegan las alas de manera verdaderamente hermosa. Nunca he visto un insecto considerado molesto plegar las alas del modo más apropiado.

El cuchillo debe estar paralelo a la tabla de cortar

Debajo de la tabla de cortar se extiende un paño de cocina

En el monasterio
se da una gran importancia
a los trabajos manuales

El Eiheiji está dividido en veinte *ryōsha* aproximadamente (emplazamientos de trabajo) en base a las tareas atribuidas a cada *unsui*. La opción del *ryōsha* al que pertenecer es puramente casual y por lo tanto no se puede esperar que se nos destine a uno y no a otro. Afortunadamente (?), justo después de haber empezado el noviciado, me destinaron al *tenzoryō*, el más severo de todos, y pude experimentar todas las actividades que se realizan allí. Los unsui del *tenzoryo* tienen poco tiempo para dormir: incluso hay que despertarse a la una y media de la madrugada para comenzar a preparar las comidas del día. Pero incluso con la mente embotada de sueño es necesario dedicarse a la comida con todas las fuerzas.

Gochisōsama, la fórmula que se pronuncia al final de una comida, se escribe utilizando los ideogramas de «cabalgar» y «correr». Dicen que esto tiene su origen en el hecho de que hace mucho tiempo se iba a caballo corriendo por aquí y por allá para conseguir los ingredientes para ofrecerlos a los huéspedes así como las materias primas necesarias para preparar la comida. En el *tenzoryō* se venera el *bodhisattva* Skanda, famoso por su velocidad: realmente hay tanto que hacer que con mucho gusto se tomaría prestado incluso su caballo.

El *tenzo* se esfuerza no solamente en preparar los ingredientes y los platos. También, después de haber cocinado, distribuye la comida de modo que los alimentos calientes no se enfríen y los fríos sigan siendo tales, haciendo lo mejor posible por ser un consuelo para los monjes que llevan a cabo las prácticas ascéticas. ¿Será por esto por lo que se venera a Skanda?

Sin embargo, en el origen, la disciplina budista no exigía correr de acá para allá para conseguir la comida. En la India estaban en vigor preceptos religiosos que prohibían a los monjes «trabajos» vinculados a la vida cotidiana, como por ejemplo preparar las comidas. Se cree que el trabajo manual se convirtió en un ritual solo aprobado cuando el budismo fue introducido en China y por lo tanto modificado. La importancia de los trabajos manuales se confirma en los famosos *Dichos* del maestro chino Baizhang Huaihai. Sus discípulos, preocupados por la salud del maestro, que como se había hecho viejo

SKANDA (IDATEN)

Corre veloz

Divinidad tutelar

afrontaba los trabajos manuales por propia iniciativa, escondieron sus herramientas de trabajo. Se cuenta que entonces el maestro dejó completamente de comer y dijo: «Un día sin trabajar es un día sin comer».

Y también, a quien le preguntaba: «¿No es un pecado talar los árboles, cortar la hierba y arar la tierra?», así respondía: «No se puede decir si es o no un pecado. Depende de la persona que realiza el acto» (por *Hyakujō kōroku*).

Mientras están vivos, los hombres pueden matar. Incluso siendo plenamente conscientes, en el momento en que creen en un mandamiento que dice «No matar» ponen en práctica una profunda contradicción. Esto hace que entendamos la disposición mental del maestro Baizhang Huaihai, que pone en primer plano la indagación práctica con relación a las palabras. Si se piensa que también la filosofía del «cuidemos nosotros de nuestras cosas» es una preciosa tradición llevada a cabo por nuestros predecesores, podremos frotarnos los ojos adormecidos, pero después se encontrará la fuerza de despertarse para ponerse a lavar el arroz.

Además, precisamente porque es obvio que «las tareas de hoy se habrán terminado dentro de la jornada», en el *Tenzo kyōkun* se enumeran todas aquellas cosas que tenemos tendencia a olvidar y que nos cogen por sorpresa.

Por ejemplo, en el Eiheiji el acto de dormir se define *kaichin*, o sea «retirar la almohada»: eso no se interpreta como el final de la jornada, sino como el momento en el que dan comienzo las prácticas ascéticas. A las diez y media se apagan todas las luces y ya no se puede ir al baño hasta la mañana siguiente. Al principio me recordaba a los retiros que se hacían durante la escuela elemental, y luego comprendí que el aspecto más importante de todo eso es el hecho de terminar con claridad cada jornada, sin aplazar nada.

Si el paso de la noche al día no está perfectamente definido, se acaba pensando que la vida continúa para siempre. Eso es porque he dejado de pensar que el tiempo a mi disposición es infinito, y he decidido vivir llevando a buen término todas las cosas que están dentro de la propia jornada, consciente de que la vida tiene un límite.

Es el *tenzo* anciano que está en la cocina, ocupándose de cortar las verduras, lavar el arroz, hervir el agua, cocer, regular el fuego, el que transmite todos estos ritos minuciosos simplemente realizándolos. Por otra parte, él no solo se encarga de su propio trabajo, sino también se preocupa del trabajo de los demás.

Apenas llegado al *tenzoryō*, cuando ni siquiera era capaz de distinguir la derecha de la izquierda, se me confió por primera vez la tarea de tostar el té verde. Permaneciendo a mi lado mientras lo quemaba quién sabe cuántas veces, el *tenzo* me enseñaba con mucha paciencia cómo hacerlo, transmitiéndome las enseñanzas con mucha amabilidad. Cuando poco después conseguí por fin llevar a buen término la tarea, recuerdo haber decidido poner en ella todo mi empeño para perfeccionar aquel delicioso aroma, feliz finalmente de haber sido útil.

Quizá había conseguido asimilar el comportamiento del *tenzo* anciano, pero también después, fuera del monasterio, empecé a dar importancia al trabajo de los demás, además de al mío. Por ejemplo, me alegro con pequeñas cosas, como ver a un niño llevando los platos a la mesa o retirándolos, que estimulan en mí un gran deseo de hacer algo.

El ámbito de la comida está vinculado a cualquier cosa. Una de las tareas esenciales del *tenzo* es la de crear ocasiones para percibir todas las tareas relacionadas con la preparación de los alimentos y luego repartirlos de forma inteligente.

Preparar el *dashi*
con cuidado

Un día en el que Dōgen Zenji se encontraba en un templo zen chino para realizar las prácticas ascéticas, conoció a un monje anciano (no se trataba, sin embargo, del mismo *tenzo* nombrado anteriormente) que estaba secando setas *shiitake* bajo el sol ardiente, delante del *butsuden*.

–¿Cómo es que haces un trabajo como este, en lugar de emplear a ayudantes? –preguntó sinceramente preocupado Dōgen Zenji.

Así respondió el monje anciano:

–Los demás no soy yo.

Dōgen Zenji se quedó muy impresionado de sus palabras y volvió a preguntar:

–Es algo maravilloso, pero ¿por qué lo haces precisamente ahora, que hace tanto calor?

Y el monje anciano dijo:

–Si no lo hago ahora, ¿cuándo voy a poder hacerlo?

Al quedarse sin palabras, Dōgen Zenji comprendió lo importante que era el trabajo del *tenzo*.

Precisamente porque se ocupa de una notable cantidad de trabajo que no se puede delegar en los demás, el espíritu del *tenzo* es llevar a buen término, con todo su empeño, las cosas que puede hacer él mismo, dando lo máximo en ese momento y en ese ambiente sin pensar en el mañana, aunque las condiciones sean difíciles. En los primeros tiempos del noviciado, recuerdo haberme quedado impresionado del delicado sabor de la sopa de miso. Comprendí el secreto que había detrás cuando fui asignado al *tenzoryō*. En el Eiheiji, además de las setas *shiitake* y de las algas *konbu*, de hecho se aprovechan también las semillas, los huesos y las pieles de las verduras utilizadas en la cocina, que no se tiran sino que se usan con el *shiitake* y el *konbu* para cocinar el caldo *dashi*. El alga *konbu* de la mañana se reutiliza pues para el segundo y el tercer *dashi* de la jornada, y a continuación se usa como ingrediente en un estofado, sin que nada se desaproveche. El truco consistía en no tirar ni siquiera un grano de arroz para dar vida al delicado sabor del *dashi*.

Respecto a los platos típicos de los países occidentales, el *dashi* japonés es un plato relativamente sencillo y rápido de cocinar. Ya sé que la preparación de este caldo –hecho no con alimentos frescos sino con ingredientes elaborados, por ejemplo desecados o ahumados– es algo típico de Japón. Saborear el *dashi* equivale seguramente a saborear la sabiduría transmitida por los antepasados en todo lo que se refiere a la cocina.

Secar sin dejar ni una sola gota de agua

Lo primero que los *unsui* principiantes hacen en cuanto entran en el *tenzoryō* es dar brillo a los hornillos de gas. Quitan las rejillas y las limpian de arriba abajo. Al principio creía que se trataba de una tarea asignada para reforzar, pero la verdad es otra. Si se cocina utilizando aceite, mucho de él termina en los hornillos y, aunque no se vea, si se deja ahí forma un todo con el polvo, y la suciedad se queda pegada. Me doy cuenta de que la gente solo ve lo que le conviene. Ocuparse posteriormente de la limpieza se convierte en un gran problema, y por eso a fin de cuentas lo mejor que se puede hacer es limpiar inmediatamente.

El principio básico aprendido en el Eiheiji es: «Fregar, secar y poner en su sitio». En el *tenzoryō* fui adiestrado rígidamente en limpiar las cosas de arriba abajo cada vez que se usaban, en no dejar ni siquiera una gota de humedad en las superficies siempre en contacto con el agua.

Al principio creía con ligereza que, teniendo en cuenta que se trataba de agua y no de aceite, no era necesario limpiar las superficies y los utensilios uno por uno, puesto que volverían a ser utilizados poco después; pero limpiando y secando algo todos los días, aunque aparentemente todo queda igual, se percibe perfectamente que «algo» ha cambiado. Es distinto de lo que se puede ver con los ojos y tocar con la mano, es la sensación misteriosa de que la sangre circula por las cosas que se limpian todos los días, como si llegaran a ser parte del propio cuerpo. Entonces empecé a preocuparme por todos los espacios que no había limpiado, como si fueran nubes capaces de ensombrecer el ánimo. Los rituales que nacen de una larga tradición de miles de años poseen una misteriosa fascinación, que no siempre se comprende inmediatamente. En el capítulo dedicado al lavado de la cara, Dōgen Zenji dice: «Lavar aunque aún no se esté sucio, lavar aunque ya se esté limpio, es lavar según el Camino de Buda». Que una cosa esté sucia o limpia, se lava lo mismo. Yo, que creía que la limpieza tenía la finalidad de quitar la suciedad, me quedé sorprendido.

Se debe proceder de modo que se mantenga la armonía recíproca entre el propio cuerpo, la propia mente y el ambiente de alrededor. Si se toma conciencia de ello, se consigue afrontar el cambio de nuestro cuerpo como si fuera una lluvia pasajera en un día de sol. Aprendiendo a no cargar yo solo con mis altibajos físicos y mentales aprendí a aceptar las cosas y a estar tranquilo. También en la forma de manejar el trapo después de haber secado el agua se pone el alma. En la manera de guardarlo en su sitio después de haber terminado la comida existe una ritualidad interesante. Lo primero que hay que hacer es doblar por la mitad en sentido longitudinal y posarlo sobre el *ōryōki* con el doblez vuelto hacia uno, después se vuelve a abrir siempre en la misma dirección de modo que cubra el *ōryōki*. Teniendo en cuenta que sería más fácil cubrir directamente sin doblarlo antes, ¿por qué en cambio se hace así?

He aprendido del *rōshi* que se trata de una regla de larga tradición, que tiene la finalidad de no levantar aire y de no dirigir el polvo hacia los demás. Durante una comida normal probablemente es una cosa que no crea especiales problemas, porque no debería haber personas que se lamenten si se crea un poco de aire en su dirección. Sin embargo, si se suman las dos veces al día, las setecientas veces al año, las siete mil veces en diez años, las trescientas mil veces en cincuenta años, y en la vida acaso muchos miles o cientos de miles de veces, se comprende qué gran diferencia puede derivarse de una pequeña precipitación respecto a los demás.

En los rituales están presentes muchas reglas de las que, aun tras reflexionar sobre ellas, no se comprende la razón. Pero si se adopta el punto de vista de seres más débiles que nosotros, incluso el aire generado por un paño podría ejercer una influencia significativa. Cuando pienso en estos seres, la vitalidad del hombre se convierte en la más grande de todas.

Tener cuidado con los utensilios propios como si fueran una extensión del propio cuerpo

Lo primero que se entrega a un *unsui* que entra a trabajar en el *tenzoryō* es el cuchillo de cocina. Yo también recibí uno de óptima calidad y me quedé muy sorprendido.

En el Eiheiji no se pueden llevar objetos personales que se salgan de lo que se considera el mínimo indispensable. Cada cual posee los mismos objetos, y por eso cada cual debe escribir su propio nombre en todos. Siendo un objeto que cada uno conserva para sí, se pide escribir el nombre en el cuchillo y usarlo con extremo cuidado mientras se afila. Corto las verduras con ese mismo cuchillo incluso ahora que estoy en Berlín. Hasta el momento en el que se me entregó apenas había manejado uno, pero recuerdo perfectamente que desde entonces mi actitud ante la cocina cambió por completo.

En el *Tenzo kyōkun* se indica que hay que reunir todos los utensilios indispensables para cocinar y controlar con cuidado que no estén rotos y que no estén sucios cada vez que se usan, reparándolos inmediatamente en caso de que hubiera algún problema.

Si se tiene mucho cuidado de los utensilios de cocina se pueden utilizar los de la familia durante muchas generaciones. Pensad en vuestros descendientes de las próximas tres generaciones y elegid objetos de calidad.

Por ejemplo, una cazuela podrá costar desde pocos cientos hasta varias decenas de miles de yenes. No es un objeto sobre el que se debería gastar tanto dinero, pero en muchas de las cazuelas baratas se pega y se quema la comida, o se evaporan todos los componentes líquidos. Las que se abollan solamente rozando ligeramente con algo me deprimen. Aquí a continuación indico los utensilios esenciales que deberíais proporcionaros, incluso si vivís solos en una gran ciudad, y las características fundamentales a las que prestar atención cuando los elijáis. Cuando compréis nuevos utensilios de cocina, no decidáis por vosotros mismos exclusivamente, sino pedid consejo a quien cocina desde hace mucho tiempo, como vuestra madre o vuestra abuela. Las personas que los utilizan desde hace mucho son las que conocen los trucos para escoger utensilios que sean fáciles de manejar.

El cuchillo

Debe cortar bien y no ser ni demasiado pesado ni demasiado ligero. En vez de un cuchillo de pelar fruta es mejor un cuchillo Santoku.

La tabla de cortar

Una tabla de cortar hecha de una madera de primera calidad resiste perfectamente los golpes de la hoja del cuchillo. Si la pulís y la alisáis controlando que no le salga moho, la usaréis durante generaciones enteras.

El cazo con mango

Necesario para preparar la sopa. Si es de aluminio, los alimentos se pegarán y se quemarán fácilmente. Si en cambio tiene el fondo grueso es difícil que los alimentos se peguen y se quemen. Lo ideal es un cazo universal que realice todos los tipos de cocción: cocer, hervir, guisar, cocinar al vapor.

La sartén

Para freír y tostar. Las de hierro son óptimas y duran mucho.

Los palillos de cocina

Usad palillos con la punta fina y no deformada, que no se doblen. Los palillos con la punta cuadrada no son resbaladizos y son fáciles de agarrar.

La cuchara de palo

Debe ser de un tamaño adecuado a la cazuela y fácil de manejar. Las de bambú duran mucho.

El cucharón

Debe contener la cantidad justa de alimento. Son buenos los de madera, que no hacen ruido cuando tocan la cazuela.

Mortero y mano del mortero

Indispensables para triturar el sésamo. Consiguen extraer la sensación de suavidad que un robot de cocina no puede reproducir.

El atuendo

Cuando usáis vuestro delantal preferido, la actitud con la que os enfrentáis a la cocina cambia. Si tenéis que servir, ataos un pañuelo en la cabeza.

¡Llevar puesto mi delantal favorito duplica las ganas de hacerlo!

En el *tenzoryō* se presta una especial atención a mantener limpio lo que uno se pone. Se llevan batas blancas de un tejido grueso y elástico que se arruga difícilmente si se lavan con frecuencia. En el caso en que se utilice el delantal, en vez del modelo que se pone por el cuello es preferible el que se cruza por detrás de la espalda, porque incluso usándolo todos los días no deja los hombros doloridos. Se lava con frecuencia, se seca y se vuelve a poner. En un monasterio zen se tratan con respeto incluso los paños. Se utilizan para fines diversos según su naturaleza. Como ya hacía fuera del monasterio, los clasifico basándome en las condiciones en las que se encuentran y los uso en consecuencia: los paños nuevos recién estrenados los utilizo para secar los platos y la vajilla en cuanto están fregados, cuando se ensucian se vuelven útiles para secar las manos, después para pasar por la superficie de la cocina, y finalmente como trapo para secar el suelo.

Cada vez que empleéis un utensilio que esté en contacto con los alimentos, desde los palillos hasta la cazuela, controlad que no esté estropeado o sucio, y procurad repararlo inmediatamente en caso de que se estropee. También en el *Tenzo kyōkun* está escrito que, en el momento en el que se vuelve a poner en su sitio un utensilio colocándolo en el mismo lugar del que se ha cogido, se debe comprobar que no haya partes rotas.

Crear un menú tiene
un significado importante

Otra función importante en el *tenzoryō* es la de crear un menú. En el *Tenzo kyōkun* se dice a tal propósito que, sin desperdiciar absolutamente ninguno de los preciosos ingredientes que se tienen a disposición, es preciso asumir la responsabilidad de pensar en muchas cosas: ¿satisfará el cuerpo y la mente de los monjes consagrados a las prácticas zen? ¿Los mantendrá con buena salud, de modo que puedan dedicarse a ellas?

Cuando se crea un menú, lo primero que hay que vigilar es no desperdiciar nada.

Tengo el mal recuerdo, que se remonta a los tiempos de la escuela, de unas patatas que habían empezado a germinar y que se habían transformado en una especie de huerto botánico. Además, apenas acababa de entrar en el *tenzoryō,* pensando que no los encontrarían, ocurrió que tiré los rabos y las pieles de las verduras, por pereza, y cuando después un *senpai* los encontró se enfadó espantosamente conmigo. El menú se crea utilizando cada cosa hasta el final sin desperdiciar nada.

El ritual del menú se convierte en una ocasión para volver a pensar desde el principio en las cosas verdaderamente indispensables.

Actualmente, el uso de la nevera se ha difundido de modo universal en todas las familias, pero eso no significa que, puesto que están en la nevera, los alimentos puedan conservarse hasta el infinito. Al decidir previamente qué preparar al día siguiente y apuntándolo, cada vez que voy a buscar los ingredientes consigo coger solamente la cantidad necesaria, evitando hacer compras impulsivas y comprar alimentos que luego quedan abandonados en el fondo de la nevera. A pesar de todo este cuidado, siempre me quedan ingredientes que no consigo consumir en una sola vez. En estos casos los conservo, teniendo en consideración sus características específicas: pongo en agua *nattō* o *konnyaku* de modo que su olor no se difunda, y no expongo el *miso* o la salsa de soja al aire y a la luz de modo que no pierdan su sabor.

El principio fundamental es utilizar todos los ingredientes hasta el final, pero yo prefiero guardar para mí solo la ración que como y compartir el resto con los vecinos. Al principio no tenía casi ningún tipo de interacción con mi vecino alemán, pero después de haberle ofrecido la comida que me sobraba nos hicimos amigos y últimamente he sido invitado a comer con su familia. Las sobras han sido el motivo para mantener relaciones de armonía con el vecindario.

Un menú debe tener también el efecto de conseguir dominar el hambre descontrolada.

Escribir de antemano el contenido de los platos y divulgarlo ahorra a los *unsui* la inútil preocupación de preguntarse: «¿Qué habrá hoy de comer?».

En el Eiheiji, después de haber hecho la limpieza matutina del suelo, suele ocurrir que los *kosan* digan a los *unsui*: «¡Practicad cómo se comen los *botamochi*!». Si los novicios son informados de antemano y comienzan desde pronto a esperar los dulces con ansia, no los desearán excesivamente.

Estos son trucos útiles para elaborar un menú fuera del monasterio.

1. Empezad una vez a la semana

Servíos de un término para indicar que una comida es «siempre la misma» (yo uso *nyojō*) o bien que «cambia según la situación» (yo uso *kakuji*), y preparadla siguiendo vuestros tiempos.

2. Sed concisos

Anotad solamente el nombre del plato y los ingredientes utilizados, omitiendo la descripción detallada de las dosis y de la preparación.

3. Buscad la sencillez

No es necesario preparar un plato elaborado. Preparad uno con los ingredientes que tenéis a vuestra disposición, sin decorarlo.

Al principio una vez a la semana es más que suficiente. Cuando elaboréis el menú hacedlo de tal modo que no exageréis y no escribáis todos los detalles. Por ejemplo, en mi caso el desayuno consiste en *okayu* con *takuan* y gomasio. Cuando la comida es siempre la misma, escribid por ejemplo «habitual», mientras que en los casos en los que decidáis comer fuera, reunir a la familia o saltaros la comida, escribid «cambia».

A diferencia de las recetas, no escribáis las dosis de los ingredientes necesarios y el proceso de elaboración: escribid solo los ingredientes que vais a preparar.

«Curry (zanahorias, patatas, cebollas, *konnyaku, shiitake*), *fukujinzuke*, manzana.

Este es el menú realista de una comida en el Eiheiji. En un cierto punto se han empezado a recoger los trocitos de verduras que sobran, y a intervalos regulares se come un curry de verduras. Ya solo este es un menú excelente.

Al principio de la semana escribid el menú y colocadlo en un lugar visible. De este modo no desperdiciaréis ingredientes y ahorraréis a vuestra familia excesivas preocupaciones relacionadas con las comidas. Una vez preparado el primero podréis basaros en el ejemplo de la semana anterior.

Haciendo esto, en el menú anotaréis vuestras comidas cotidianas según las circunstancias, y teniéndolo constantemente a la vista no dejaréis espacio a vuestros impulsos momentáneos.

Cuando cocinéis, probad a escribir el menú ¡solo una vez a la semana!

Un menú cumple también el importante papel de transmitir las tradiciones a las generaciones futuras.

En el Eiheiji se escriben los menús de los trescientos sesenta y cinco días; para hacerlo se hace referencia a los cuadros de los menús de los años anteriores, creando platos adecuados a las estaciones y a los ingredientes que hay en el almacén. Se puede cocinar precisamente porque se imitan los menús que nuestros predecesores inventaron con el fin de que las comidas fueran fáciles de comer y se pudieran preparar de manera eficiente, divertida y sabrosa. No importa que sean madres o amigos, que sean buenos cocineros o no: pedid consejo a alguien que cocina todos los días y empezad a crear un menú basándoos en sus consejos.

Me doy cuenta de que fuera del monasterio ponerse a crear un menú partiendo de una página en blanco sería como escalar el monte Fuji en camiseta. Por ejemplo, son pocas las personas con una discreta experiencia en la cocina que al mirar las verduras expuestas en el supermercado deciden de repente qué cocinar ese día. Ni siquiera yo conseguiría hacer algo así. Y precisamente por eso es por lo que existen los menús.

También en Berlín creo menús inspirándome en el estilo modesto de un monasterio zen. Lo primero que se hace es elegir entre arroz, pan y *udon*, que son los alimentos principales, después se seleccionan los ingredientes de la sopa (que puede ser unas veces una sopa, otras veces un caldo, otras veces un curry), y al final se agrupan entre sí de manera sencilla. En este momento es importante saber el número de personas que comerán con vosotros y examinar en los más mínimos detalles sus condiciones de vida y de salud. Es precioso cuando se piensa en la sonrisa de las personas reunidas alrededor de la mesa.

En el Eiheiji viven más de cien *unsui*, pero cuando me tocaba el turno no significaba que todos fueran a comer al mismo tiempo. En cada comida hacía la relación de cuántas personas comerían por cada *ryōsha*.

Una de las funciones principales del *tenzo* es tener bajo control al que come, dónde come y en qué condiciones de salud se encuentra. Un menú es la base de la alimentación zen, que mantiene el cuerpo y la mente con buena salud. Probadlo y veréis.

Manipular la carne y el pescado con un espíritu compasivo

Afronto la cocina esforzándome por preparar las cosas mejores, llevando el mejor de los ingredientes más bien sencillos, tomándome muy en serio cualquier cosa, sin exaltarme demasiado ante valiosas setas *matsutake* y sin olvidar los humildes restos de verdura desechada.

Lo importante no es lo que se come, sino cómo se come. En el *tenzoryō* se buscan mil ideas para ofrecer al Buda y a los *unsui* los alimentos que están a nuestra disposición, presentándolos en las mejores condiciones posibles y cocinándolos de modo que sean fáciles de comer.

Generalmente se tiende a pensar que el *shōjin ryōri* es una cocina que no hace uso de la carne y el pescado. Ya que en el Eiheiji la carne y el pescado realmente no se utilizan, son muchos los que piensan que la alimentación japonesa centrada en verduras y cereales está en perfecta armonía con el cuerpo. Yo también al principio dudaba de poder vivir solamente de cereales y verdura, y sin embargo, al poner en práctica y acostumbrarme a este estilo de vida, me he sentido ligero y en buenas condiciones físicas.

De todas formas, en el *Tenzo kyōkun* no se encuentra ningún pasaje que afirme que «la carne y el pescado no se pueden utilizar».

Últimamente los restaurantes que ofrecen menús para vegetarianos han aumentado. También en Berlín hay muchos vegetarianos. Entre ellos, existen algunas personas que sufren a causa de los procesos de producción de la carne y que han decidido alimentarse solamente de verduras porque tienen un espíritu compasivo. Pero cuando veo que estas personas dejan que se estropeen las verduras o las tiran me pongo muy triste.

El año pasado acompañé a un monje tibetano a un monasterio zen japonés y tuvimos la oportunidad de vivir juntos durante una semana, utilizando el *ōryōki* y saboreando *shōjin ryōri*.

Por lo que parece, en el frío Tibet existen pocos alimentos de origen vegetal e inevitablemente se lleva un régimen alimenticio basado en la carne: por esa razón entre los monjes budistas hay algunos que solo comen carne. La imagen de aquel monje que comía educadamente todos los platos que le ofrecían se me quedó profundamente grabada.

Aunque son personas fieles a las prácticas budistas a pesar de comer carne, son al mismo tiempo individuos vegetarianos que sin embargo se encuentran a merced de los instintos ilusorios. Actualmente ese monje se encuentra en la situación de no poder regresar a su Tibet nativo. Afortunadamente ahora Japón no se encuentra en una situación similar, pero nadie sabe qué podría ocurrir algún día. Mientras recitaba el *Gokan no ge* con mi hermano tibetano del hábito ocre, me pregunté cómo había podido llegar hasta nosotros toda la vida que tenemos delante de los ojos, y cómo han hecho todas las formas de vida presentes en la Tierra para llevar a cabo su vida saludable.

El *shōjin ryōri* no es una cocina en la que no se emplea la carne, sino una cocina que se prepara con el corazón lleno de compasión. La compasión es reconocer el hecho de que todas las cosas de este mundo existen y dependen unas de otras. Preparad la comida con todo vuestro empeño, sin discriminar ningún ingrediente.

Armonizar los seis sabores y las tres cualidades

Cuando oyen hablar de *shōjin ryōri*, algunas personas lo relacionan con la idea de una especie de resignación a comidas modestas y a sabores humildes, y sin embargo no es así. El anciano *tenzo* del Eiheiji creaba siempre nuevas ideas para sazonar los alimentos y servirnos algo que pudiera ser apreciado. El *shōjin ryōri* es una cocina siempre en busca de nuevos sabores.

En el *Tenzo kyōkun* se describe la regla que se debe seguir para armonizar los *santoku rokumi*, o sea «los seis sabores y las tres cualidades».

Las tres cualidades son *kyōnan, jōketsu* y *nyohōsa*, o sea «ligero y flexible», «limpio y armonioso», «concienzudo y minucioso». Por otra parte los seis sabores son «amargo», «ácido», «dulce», «picante» y «salado», a los que se añade «insípido», que extrae el sabor de la materia prima. Si se tiene cuidado de no condimentar los alimentos de modo que lleguen a estar demasiado amargos, demasiado ácidos, demasiado dulces, demasiado picantes y demasiado salados, surgirá el delicado sabor que las materias primas poseen de forma natural, o sea el *tanmi*.

Con esto no pretendo decir que todas las cosas con sabor fuerte no vayan bien, puesto que existen momentos en los cuales cualquiera puede sentir la necesidad de tomarlas.

Especialmente en el contexto actual, que se caracteriza por un alto nivel de estrés, si nos limitamos a armonizar de manera equilibrada los seis sabores puede parecer que falta algo.

Por ejemplo, cuando voy a grandes ciudades como Tokio, me apetece comer cosas dulces o llenas de aceite. Al estar obligados todos los días a vivir en medio de tensión y cansancio mental, será fácil sentir el deseo de cosas dulces o grasientas. En estos casos se puede condimentar utilizando aceite de buena calidad y endulzar añadiendo *sake, mirin,* o frutos como dátiles, manzanas o uvas pasas. Cuando se aprende a reconocer el sabor delicado de los alimentos y a valorarlo con cuidado, se consigue reconocer el verdadero sabor oculto en el interior de un ingrediente específico. No quisiera ser demasiado insistente, pero el delicado sabor que las materias primas poseen de forma natural es capaz de persistir en nosotros durante mucho tiempo. Así que yo he descubierto, además del encanto de la comida, también el encanto de un sabor delicado, incluso en las personas y en los objetos. La verdadera bondad es algo que no estimula el deseo en vano.

Después de haber conocido el equilibrio de los seis sabores y de las tres cualidades, difícilmente me dejo tentar por el deseo inmediato que se me presentaba ante los ojos.

Las normas que se deben observar durante el servicio: *kenzen* y *sōjikikyūhay*

¿Quiénes son las primeras personas a las que querríais invitar a comer la comida que habéis preparado poniendo en ella todo vuestro corazón? Hijos, padres, amigos y novios. O probablemente a alguno de ellos deseoso de ser el primero en la degustación. Conseguir cocinar de modo que se transmita a todos estos pensamientos sería algo inigualable.

En un monasterio zen las comidas se ofrecen en primer lugar a Buda, representado por una estatua de madera o de metal, que por supuesto no come en realidad. Sin embargo, la comida se le sirve con elegancia como si realmente tuviera que alimentarse con ella, ofreciéndole una bandeja llena de alimentos de estación con una gran cantidad de sopa humeante. El espíritu de Buda al que se sirve en primer lugar la comida preparada en el *tenzoryō* no come realmente, y sin embargo, la bandeja que se le ofrece se prepara con cuidado de armonizar la consistencia y el aspecto estético de los alimentos y poniendo en ello mucho más sentimiento respecto a lo que se hace para los propios semejantes.

Este rito se llama *kenzen*. Cada vez que se realiza se tiene cuidado de que no falte ninguna de estas cosas: silencio, rapidez y belleza. Cuando uno se preocupa demasiado por estar silencioso se vuelve demasiado lento y los alimentos se enfrían. Si se busca solamente ser rápido, uno se vuelve rudo y se rompe la belleza del rito. Si en cambio uno se preocupa demasiado por la belleza, se acaba dando una impresión empalagosa y lujosa. El *kenzen* es un espejo que refleja la propia imagen. Lo que realmente es esencial es demostrar al Buda mudo que se sabe hacer funcionar el equilibrio de estas tres cosas, tratándolo con el máximo cuidado. Precisamente porque no existe una puntuación mínima que permita «pasar el examen», resulta natural hacer un esfuerzo de humildad.

Incluso después de haber abandonado el Eiheiji siempre seguí realizando el rito del *kenzen*.

Más allá de su definición, se trata de un gesto que no implica nada de particular: basta solamente con poner una parte de lo que se está a punto de comer en otro platillo y, antes de empezar, ofrecerlo al altar budista haciendo una reverencia con las manos juntas. Si en casa no tenéis un altar budista, cread en un rincón de la habitación un espacio en el que reunir las cosas que más valoráis y, considerándolo vuestro altar personal, reservadlo para vuestras ofrendas. Será suficiente un platillo del plato principal, ya se trate de arroz o de pan. Lo primero que debéis hacer es empezar a practicar. Una vez hayáis terminado de comer, no olvidéis recuperar la comida que ha sido ofrecida. Si la dejáis allí indefinidamente, Buda acabará sintiéndose demasiado lleno.

Uno no se siente mejor preparando algo para sí mismo, sino cocinando para los demás. Por otra parte, de este modo acuden a la mente ideas mejores. Por ejemplo, ¿por qué no pensáis en ofrecer durante el *kenzen* incienso perfumado? Dicen que el perfume del incienso lo perciben las personas presentes físicamente, pero es capaz de llegar también a las que están en otro mundo. Quemar incienso purifica el agua caliente, agudiza los cinco sentidos y hace aún más deliciosos los alimentos. Probadlo.

Si os estáis preguntando si los alimentos ofrecidos al Buda Śākyamūni los comen después los monjes, la respuesta es no. También los *unsui* que llevan a cabo las prácticas ascéticas en la sala de meditación toman su comida como hace el Buda. La sensación de tomar sus propios alimentos junto al Buda es importante.

La comida preparada en el *tenzoryō* se traslada a la sala de meditación utilizando una tina de madera y realizando cada vez un rito llamado *sōjikikyūhai*.

Antes de servir la comida que ha preparado, el anciano *tenzo* quema el incienso delante de Skanda, venerado en el *tenzoryō*, le ofrece la bandeja preparada para el Buda y la comida destinada a los *unsui*, y al volver a la sala donde están reunidos los novicios, hace nueve reverencias.

Los monjes que realizan las prácticas ascéticas normalmente se saludan una sola vez, mientras que se inclinan tres veces delante de la estatua de Buda durante la función religiosa de la mañana. Sin embargo, durante el *sōjikikyūhai*, con ocasión de las comidas, se inclinan el triple de veces, o sea nueve. Así se demuestra el máximo respeto.

El *jōnin* que sirve la comida inclina la cabeza con las manos juntas en la postura del *gasshō*, después de repartir la comida, en la culminación de su bondad, a los *unsui* presentes en la sala, estando atento a permanecer silencioso y ser rápido y elegante como Skanda.

El número nueve de las reverencias indica el grado superlativo. Es fácil hablar de «tratar la comida con sumo cuidado», pero ¿qué hay detrás de semejante conducta? Al principio no entendía bien el significado de lo que estaba haciendo, pero en el momento en que conseguí captar el sentido profundo de todo esto me emocioné sinceramente.

Sōjikikyūhai

El *tenzo* y el *jōnin* llevan la comida en presencia de Skanda y hacen nueve reverencias

Las normas que se deben observar durante el servicio: la presentación

Si se da importancia a la presentación, se come más a gusto, la comida parece mejor y el servicio resulta cada vez más divertido.

Lo que más me sorprendió en el *tenzoryō* fue la notable importancia reservada a la presentación de los alimentos. Tenía una idea del *shōjin ryōri* como de una cocina sencilla y rústica, que no daba mucha importancia a la estética, pero no era en absoluto así.

Todos los días me preguntaba cómo era posible que, a pesar de que el anciano *tenzo* utilizaba los mismos ingredientes y preparaba la comida de la misma manera, la comida pareciera cada vez mejor. Tomad por ejemplo las berenjenas asadas: después de haberlas introducido en la salsa *tsuyu*, haber hecho incisiones simétricas y haberles dado la vuelta, se apoyan de manera estable sobre la parte inferior y luego se disponen en el plato de forma elegante. *Sunomono* y *aemono* se sirven como si formaran una montaña que, partiendo desde abajo, se vuelve cada vez más escarpada. No sirváis el arroz todo de una vez: haced el esfuerzo de servirlo dividiéndolo en más porciones.

Haciendo cortes y dando vueltas a las berenjenas, estas absorben perfectamente la salsa *tsuyu*: de este modo el plato no será solamente bonito de ver sino también bueno para comer. Haciendo más afilada una forma redondeada, incluso una cantidad mínima adquiere cierto volumen y, cuando esté listo, el plato será excelente también desde el punto de vista estético. Servir el arroz sin aplastarlo lo hará más fácil de coger con los palillos y se tendrá la posibilidad de apreciar la consistencia de los granos sin que estos se llenen de vapor. Como veis, yendo en busca de la belleza, también se pueden descubrir y aplicar trucos de este tipo.

Si disponéis los platos respetando la ley de la gravedad, en el momento de comer podréis procuraros también el placer de desafiarla y destruir la presentación. A los niños pequeños les encanta tirar las torres de cubos de madera apilados, pero quizá podemos afirmar que este tipo de diversión no nos abandona nunca. Fuera del monasterio podéis tomar ejemplo de las espléndidas fotografías que ilustran los libros de cocina. En los últimos tiempos también se pueden buscar en internet. Puesto que los platos representados en estas fotos espectaculares son fruto de artificios estudiados con el fin de que parezcan atractivos, empezad a imitarlos e intentad modificar vuestros platos en esa dirección.

Las normas que se deben observar durante el servicio: el *jōkin*

También preparar la mesa es una de las funciones esenciales que corresponden al *tenzo*. Con frecuencia el anciano *tenzo* venía a la sala de meditación, observaba las condiciones en las que comían los *unsui* y él mismo servía la comida.

Un rito zen que se debe observar incluso fuera del monasterio antes de disponer los platos en la mesa es el del *jōkin*. Pese a su nombre, no penséis que debéis usar un paño especial, porque basta un trapo normal. Creo que muchas personas tienen la buena costumbre de limpiar la mesa con un paño para quitar la suciedad después de haber comido, pero en un monasterio zen se sigue la regla de limpiar el *jōen* también antes de las comidas, prescindiendo de la presencia de suciedad.

Al principio me parecía extraño que el paño se tuviera que pasar antes y después. Todo estaba ordenado y limpio sin que hiciera falta limpiar posteriormente, y sin embargo era aún más agradable encontrar el propio puesto limpio antes de comer y dejarlo igual para el que llegara después. Al repetir esta acción todos los días, el *jōen* queda limpio sin que un solo paño se haya desperdiciado, puesto que todos son después nuevamente utilizados. Para los tres tipos de paños que uso –para secar los platos, las manos y las superficies– empleo habitualmente los paños de red de Nara. Utilizad vuestro paño preferido y, antes de poner los platos en la mesa, secad uniformemente la superficie siguiendo un orden absolutamente preciso. (Al hacer esto, aunque goteara un poco de comida del plato, difícilmente se pegará a la mesa, que quedará probablemente limpia.)

En el Eiheiji existe una norma llamada *kentan*: durante las comidas el *jōnin* inspecciona una o dos veces los *tan* de todos los miembros, para cerciorarse de que no haya ningún problema. En la mayor parte de los casos no los hay, y por eso al principio yo veía esta acción como algo misterioso. Más tarde llegué a entender que precisamente gracias a la presencia del *jōnin* todos podían comer tranquilamente.

Cuando adquiráis la costumbre de pasar el paño antes y después de las comidas, no olvidéis nunca comprobar que la mesa haya quedado limpia antes de poner en ella algo encima, eliminando las posibles manchas y evitando por lo tanto quedar mal con los invitados.

La limpieza es el más importante nexo de unión con el servicio. Es natural que se deba limpiar la suciedad, pero limpiando posteriormente una cosa ya limpia no solo se mantiene agradable nuestra mesa, sino también se vuelve diáfana la mente.

El rito de servir tratándose con respeto mutuo

Incluso con un deseo profundo de actuar de este modo, los seres humanos se vuelven débiles frente al instinto. Existe un dicho: «Las buenas maneras las hace el estómago lleno». Si no nos sentimos saciados por la comida, a menudo nos enfadamos por tonterías y no podemos hacer ni siquiera las cosas más sencillas. Se puede afirmar que, de todas las normas relacionadas con las comidas, la más difícil es precisamente la de servir a los demás cuando nosotros mismos tenemos mucha hambre. Todos los días luchamos con nuestro propio instinto y, preparándonos física y mentalmente, al final se puede poner en práctica la racionalidad incluso en los momentos difíciles.

Si servimos a los demás con toda la deferencia, quisiéramos ser tratados del mismo modo cuando somos servidos. Decirlo es fácil, pero poner en práctica este concepto, cuando se tiene a alguien delante, no lo es. Si se va demasiado deprisa resulta de mala educación, y si se es demasiado lento se hace en cambio esperar.

Desde los *unsui* del primer año a los mayores del quinto, todos se alternan en el papel de *jōnin*. En el Eiheiji se pone el acento en la severidad de ciertas reglas mientras se come, pero en realidad son las reglas del servicio las más severas, difíciles de aplicar a menos que ya se sea un experto. Las cosas a las que hay que prestar atención durante el servicio se pueden atribuir a los mismos tres aspectos del *kenzen*: «con paso suave (en silencio)», «con método (rápidamente)», «sin ser un estorbo (con belleza)».

Para no entrar en la sala creando confusión, el *jōnin* debe prestar atención incluso al sonido de las sandalias o de las ropas que rozan entre sí. Rápidamente encuentra una forma de sostener y transportar el barreño que no le obligue a estar en tensión, y sintoniza los tiempos de entrada con la sucesión de los tres platos (la sopa después del arroz, y después de la sopa el *takuan*), sin hacer esperar ni meter prisa a los demás.

También para esto es muy importante estar atentos, para que los demás piensen: «¡Oh! ¡Ha llegado en el momento preciso!» (en realidad es el *jōnin* el que espera el momento preciso): exactamente como la manzana que cae ante los ojos de Newton.

Se establece incluso de qué manera mantener los dedos inmóviles sobre la tapa del hervidor que se usa para verter el agua caliente, y en ello se concentra toda la propia atención: el *jōnin* no debe verter demasiada y la persona que la recibe está concentrada en no derramarla.

Servir la sopa es muy difícil. Si con el cucharón se coge demasiada de una sola vez, las partes sólidas tocan el borde del cuenco y el rito del lavado se vuelve extremadamente difícil, creando problemas al que es servido. Eso no significa que se deba coger poquísima: si hacemos eso podemos adormecernos. Cuando se entrega el cuenco de la sopa al *jōnin*, se hace con ligereza y en silencio, como si se tuviera que flotar sobre una nube. Cuando se recibe, se la coge como si fuera una cereza caída de una rama que se rodea suavemente con los dedos.

Si los movimientos de dar y recibir los cuencos no concuerdan con la propia respiración, no lo conseguimos. Sintonizamos con el espíritu de la otra persona, y advertimos en la propia piel sus movimientos, evitando de este modo ser demasiado rápidos o demorarnos excesivamente: cada vez que servimos es como si lleváramos a cabo un auténtico y verdadero duelo o una lucha de artes marciales que empieza y termina con una reverencia.

Tampoco el que es servido puede estar distraído. La parte contraria debe realmente actuar acercando el cuenco para facilitar el servicio: sin prisa pero con agilidad, y en una posición que no entorpezca los movimientos del otro.

Se logra así un delicado equilibrio que satisface a ambas partes y que, a fuerza de «en realidad no quiero más», «¿no se me estará dando demasiado?» y «¡esto no me basta!», no convierte el servicio en algo desagradable a ojos de los dos.

Servir bien significa saber cuándo se está «exagerando». Si el ritual se vuelve un fin en sí mismo, no es sino una simple imposición. Una atención excesiva a la formalidad no debe molestar a los demás. Es importante pensar en la persona que se tiene delante y adaptarse a ella con moderación, logrando disfrutar del momento de la forma más agradable posible.

El rito de servir me fue especialmente útil en el momento en que llegué a Alemania. Cuando, teniendo que vérmelas con un idioma al que no estaba acostumbrado, tenía dificultades en comprender las verdaderas intenciones de mi interlocutor, me di cuenta de que las expresiones ambiguas como «me has dado demasiado» o «¿no podrías darme un poco más?» y cosas así, funcionaban de la misma forma en que las había aprendido sirviendo en el monasterio.

Resulta extrañamente difícil tener la sensación de haber recibido una ración demasiado abundante o, por el contrario, haber servido demasiada comida y haber, por lo tanto, disgustado a la otra persona. Hacer cumplidos es relativamente fácil, pero si se exagera, el interlocutor podría erróneamente interpretarlo como un rechazo. Por otra parte, el problema unido a la dificultad de encontrar un modo educado pero firme de rechazar es algo puramente japonés, de lo que uno se da cuenta cuando se relaciona con personas de otras nacionalidades.

Actualmente, la del servicio es una de las pocas y buenas oportunidades de que disponemos para tener un intercambio directo con otra persona.

Si se logra perfeccionar este intercambio no solo durante las comidas sino cada vez que se da una cosa a cualquier otro, la vida cotidiana funcionará bien. Cuando pagamos en la caja o cuando nos sirven una bebida en la barra, lo hacemos sin pensarlo, pero las cosas no se pueden dar sin tener el corazón conectado a las propias manos. Durante las comidas regulad las dosis siguiendo vuestro instinto, concediendo la adecuada importancia a la acción de ofrecer algo a los demás.

Realmente no existen muchas ocasiones de compartir algo que estimula nuestro deseo pasándolo unos a otros.

La comida es una de estas buenas oportunidades.

Sin embargo, pensando así, y a pesar de ser amable con los conocidos más viejos que yo, tiendo sin embargo a tener un comportamiento frío cuando trato con los dependientes de las tiendas a las que voy por primera vez. Dar las gracias cuando se recibe algo es un acto de amabilidad obligado, pero cuando en cambio somos nosotros los que ofrecemos es bastante complicado poder dar las gracias evitando adular o resultar serviles.

Conviene experimentar los dos puntos de vista y tratar de que no se conviertan en una coacción: es una enseñanza que no se puede aprender solo en teoría. Es relativamente fácil preocuparse por los que apreciamos o por los objetos de valor. Probad a asumir la misma actitud cuando tenéis que veros con personas o cosas que generalmente trataríais mal, poniendo en práctica el equilibrio extraordinario entre no forzar a la otra persona y no privarla de algo. Si conseguís intercambiar los cuencos de manera natural con ocasión de las comidas, conseguiréis crear una relación solícita y recíproca con ellas.

Existe la tendencia a pensar que servir es un trabajo fácil, que puede hacer cualquiera. Es más, fuera del Eiheiji, nunca he observado ritos que concedan tanta importancia al papel del que sirve. Por ejemplo, en los restaurantes apenas existe ningún respeto mutuo entre camareros y clientes. En el Eiheiji, en cambio, se trata del mismo modo a los *kosan* con diez años de antigüedad y los *jōnin* que acaban de entrar. Me producen una gran fascinación los ritos de los monasterios zen que transmiten el espíritu de las buenas maneras por medio de la voz, pero sobre todo por medio del cuerpo.

Viviendo de este modo se logra transmitir a los demás el propio ideal de vida, ya sean principiantes como monjes ancianos.

Gracias al hecho de que existe una cierta coherencia que atañe al respeto mutuo, cualquiera, incluso después de haber llegado a una cierta antigüedad, aprende a preocuparse de los monjes más jóvenes e inexpertos.

Esto vale tanto para el prior como para un monje joven. Ambos forman parte de una única familia, puesto que manifestar el propio respeto en relación con todos se considera una práctica budista. De este modo el que ofrece, el que recibe y el que sirve son capaces de expresar dicho respeto todos los días, y que nazca espontáneamente esta actitud de su cuerpo.

Cuando uno se habitúa a vivir en las grandes ciudades, se tiene la ilusión de que por medio del dinero uno puede proporcionarse comida solamente para consu-

mir. Sin embargo, me doy cuenta de que detrás de esa comida está el trabajo invisible de muchas personas que no están presentes.

Así que he llegado a pensar que precisamente en un trabajo que aparentemente puede hacer cualquiera existe la posibilidad de realizar las prácticas ascéticas: considerando cualquier humilde tarea como algo esencial, he conseguido aceptarla con alegría.

El punto de partida de la alimentación zen, que debe estar en paz y armonía con toda la comunidad, es precisamente este. Cuando yo no era más que un novicio inexperto, a mi lado tenía a un *tenzo* anciano, de no sé cuántas decenas de años mayor que yo, que cortaba verduras con el máximo empeño. Mi objetivo es vivir mi vida cotidiana con esta misma actitud.

Las recetas básicas.
Okayu, gomasio y *asazuke*

Todas las jornadas de los *unsui* empiezan con el *okayu*, el arroz muy cocido. Como primer paso, quisiera enseñaros cómo preparar *okayu, gomasio* y *asazuke* en vuestra casa. Considerad estas recetas como algo para poner en práctica hasta el final por medio del uso de las tres mentes.

Okayu

Arroz integral muy cocido, para preparar con la «mente alegre»

En el Eiheiji se enseña el *shūyūjuri*, el conjunto de las diez virtudes que posee el *okayu*.

- Pone la piel luminosa
- Da fuerza y energía
- Detiene el envejecimiento y mantiene joven
- Mantiene bajo control el hambre e impide comer demasiado
- Purifica la sangre y aclara la mente
- Depura y hace perder peso
- Mantiene lejos la gripe
- Quita el hambre
- Produce bienestar en la garganta
- Mejora las funciones intestinales

Como un espejo, un sencillo *okayu* refleja las condiciones de la mente. Pensad en las personas que os importan y preparad un *okayu* de arroz integral utilizando la «mente alegre».

Ingredientes (para dos personas)

Arroz integral: 75 g aproximadamente
Agua: 1 litro
Sal: una pizca

Modo de preparación

- Lavar rápidamente el arroz y dejarlo en remojo en la cantidad de agua especificada durante toda la noche. Añadir la sal y cocer a fuego alto.

- Cuando hierva el agua, revolver suavemente, cubrir parcialmente la cazuela con una tapa ligeramente levantada y cocer a fuego lento durante cincuenta minutos aproximadamente. Dejar reposar durante cinco minutos antes de servir.

Gomasio

Gomasio del tenzoryō

En los desayunos del Eiheiji hace su aparición el aromático gomasio. Entre todos los condimentos delicados es el que tiene más cuerpo y más aroma y el que, aunque se coma todos los días, no cansa nunca. La prueba más evidente de esto es el hecho de que se sigue comiendo desde hace más de setecientos años. El sésamo es además una preciosa fuente de sustento, que alimenta a los monjes durante sus duras prácticas ascéticas. Sus propiedades de belleza, antienvejecimiento y recuperación del cansancio son notoriamente reconocidas. Así pues, poner en la mesa una receta preparada con la «mente de los padres», es beneficiosa para la salud. El hecho mismo de triturar el sésamo se convierte en una práctica ascética que afecta al cuerpo y a la mente. Si mientras lo hacéis estáis sentados manteniendo alineados orejas y hombros, nariz y punto del *tanden*, respirando lenta y silenciosamente, el cuerpo y la mente se serenan y recuperaréis la energía incluso aunque estéis cansados. Intentad ponerlo a prueba.

Ingredientes (para dos personas)

Sésamo: dos cucharadas (no cojáis el que ya esté molido, sino unas simples semillas)
Sal: una cucharadita

Modo de preparación

- Tostar las semillas en una sartén. Calentar a fuego medio removiendo rápidamente con una espátula de madera, hasta que algunas de las semillas empiecen a chisporrotear. Cuando están tostadas e infladas hasta el punto de que se pulvericen entre los dedos, ya están listas. Tostar ligeramente también la sal, para eliminar la humedad que sobre.

- Echar sal y sésamo en el mortero y aplicar una ligera fuerza con la mano del mortero. Cuando la mezcla esté vaporosa y aromática, ya está lista.

Asazuke

Asazuke «*despensa vacía*»

Sin discriminar los ingredientes y sin malgastarlos, haréis un desayuno suntuoso inventando un *asazuke* preparado con todo lo que tengáis a vuestra disposición. En su origen, la palabra zen *kufū* (el arte de arreglárselas con lo que se tiene a mano) significaba enfrentarse a las cosas liberándose completamente de las ideas preconcebidas. Siguiendo tal principio incluso las verduras que tenemos a nuestra disposición se convierten en un *asazuke* de la «mente magnánima».

Fuera del monasterio puede ser útil hacer uso de las verduras marinadas al estilo *asazuke* durante el rito del lavado. Antes de verter el té dejad un trocito de verdura marinada, cogedla con los palillos y probad a utilizarla para limpiar el cuenco. De este modo el sabor del *asazuke* será tan extraordinario que no podréis expresarlo con palabras.

Ingredientes (para dos personas)

- Col china: tres hojas cortadas en tiras de un centímetro
- Pepino: uno, cortado muy fino
- Jengibre: un trocito, cortado en juliana
- *Konbu*: un cuadrado de cinco centímetros cortado en trocitos
- Sal: dos cucharaditas

Modo de preparación

- Meter todos los ingredientes en un cuenco y frotarlos de modo que absorban bien la sal.
- Dejar en la nevera durante una o dos horas.

TERCERA PARTE

CUANDO CAMBIA LA ALIMENTACIÓN CAMBIA TODO

Mi vida antes de entrar
en el Eiheiji

Después de haber aprendido y empezado a poner en práctica los ritos relacionados con las comidas que os he presentado hasta ahora, mi vida cambió mucho. Cuando aún ni siquiera había oído nombrar el Eiheiji, preparar y consumir los alimentos era solamente una forma de saciar el hambre. En realidad pensaba que, en lugar de perder el tiempo con estas cosas, habría tenido que dedicarme a buscar un trabajo que me diera prestigio. Sin embargo, al mismo tiempo, percibía los límites del sistema de vida contemporáneo y la alienación que produce, unida a la obligación de vivir buscando fama y dinero, un ideal de vida en el que no lograba reconocerme.

En estas páginas os contaré de qué modo se produjo mi encuentro con el Eiheiji y con sus rituales relacionados con las comidas, y cómo mi vida cambió desde que empecé a ponerlos en práctica.

Lo que me hizo ponerme en contacto con el zen fue la motivación infantil de «no ser bastante popular». De la provincia de la prefectura de Tottori, donde había hecho la escuela superior, me trasladé a Tokio para asistir a la universidad y, al principio, empujado por el deseo de popularidad, me matriculé en más de diez grupos universitarios.

Entre ellos, uno particularmente fascinante era el «White bear», el grupo de hockey sobre hielo. Los *senpai* que acudían en coche a la pista de patinaje para los entrenamientos nocturnos gozaban sin duda de gran popularidad. Destacaba especialmente un muchacho que ya entonces trabajaba de actor: Tetsuo Yamashita. A pesar de ser muy carismático, también era humilde y amable, y como yo era muy ingenuo decidí que yo también me haría actor para poder llegar a ser como él.

Pero ¿qué hay que hacer para llegar a ser actor?

Precisamente en ese periodo un compañero mío de clase me invitó a participar en un espectáculo en inglés dirigido a los estudiantes. Pensé que me serviría para alcanzar mis propósitos, y sin pensarlo dos veces, decidí aceptar. Allí conocí a la realizadora Yōko Narahashi. Enseguida me dijo una cosa que me sorprendió, y fue que no hace falta recitar.

–No intentes recitar. No hagas nada. Sencillamente quédate ahí.

La artificiosidad de la recitación forzada oculta en realidad las emociones reales que se manifiestan en el escenario. El actor se transforma completamente en el papel que se le ha asignado olvidándose de sí mismo, y solo de este modo aprende a vivir verdaderamente.

Todos los días me sentaba en una silla durante varias horas y prestaba especial atención a las tensiones de mi cuerpo, así como en el contacto con los demás me concentraba en sus costumbres y sus movimientos involuntarios... Me sentía realmente confuso por estos ejercicios de recitación, tan diferentes de lo que había esperado. Estas lecciones me permitieron deshacerme de la «artificiosidad» inherente a mis intentos de ocultar a los demás todo lo que no quería mostrar (en la mayor parte de los casos eran aspectos desagradables), porque en cambio me veía obligado a revelar las cosas por lo que eran. Deshacerme de aquella «artificiosidad» que hasta aquel momento había dominado mi vida social fue muy difícil, e incluso poniéndolo todo de mí mismo nunca lo conseguí del todo.

Precisamente cuando había empezado a tantear la situación, la señora Yōko fue elegida directora del casting para la película *El último samurái*, que tenía como protagonista a la estrella de Hollywood Tom Cruise. ¿Por qué un hombre con tanto dinero y tanta fama (y popularidad) como Tom Cruise se entusiasmaba por aquel papel de samurái en un pequeño país insular? El ideograma con el que se escribe la palabra samurái contiene los dos caracteres de «persona» y «templo»: un samurái es por lo tanto un hombre del templo.

«Esto significa que en un monasterio debe de haber algo...» Y así, mientras me documentaba, tropecé con el budismo, especialmente con un texto zen. Por primera vez supe de la existencia de Dōgen Zenji y de su obra más representativa: el *Shōbōgenzō* (el tesoro del ojo del verdadero Dharma). El texto original era difícil y no lo entendí muy bien, pero existen muchas buenas ediciones comentadas. Leí el contenido de manera fragmentaria y me quedé sorprendido.

«Aprender el Camino de Buda es aprenderse a sí mismo. Aprenderse a sí mismo es olvidarse de sí mismo. Olvidarse de sí mismo es ser realizado por la miríada de los dharma...»

Shōbōgenzō (el tesoro del ojo del verdadero Dharma), fascículo *Genjōkōan* (Manifestación completa de la verdad probada)

«Pero no uses tu mente para medir, y no uses tu boca para darle voz. Cuando abandonas y olvidas tu cuerpo y tu mente, acceden a la casa de Buda y se activan desde el punto de vista de Buda, y luego, cuando te confías a él, sin forzar el cuerpo y sin consumir la mente, te liberas de la vida y de la muerte, y te conviertes en Buda».

Shōbōjenzō (el tesoro del ojo del verdadero Dharma), fascículo *Shōji* (La vida y la muerte)

Estas citas se ajustaban perfectamente a las enseñanzas y las lecciones de la señora Yōko, aunque nadie es consciente de los puntos en común entre el zen de Dōgen Zenji y los secretos del arte de la recitación enseñados por ella.

Por lo tanto, después de haber consultado a un pariente monje sobre la posibilidad de emprender un noviciado zen, fui introducido en el Eiheiji, uno de los monasterios principales del budismo zen.

Y así, sin tener casi ninguna experiencia y ninguna noción, decidí hacerme monje después de la licenciatura, y completar mi noviciado en el Eiheiji.

El cuerpo purificado
a través del zen

La vida en el Eiheiji tenía algo nuevo y al mismo tiempo nostálgico y misterioso.

El elemento central de las prácticas ascéticas son *zazen* y *shikantaza,* en los que uno se concentra sobre estar solamente sentados, sin un objetivo. «Estar solamente sentados» podría dar una impresión de severidad, pero en realidad no es así. Se practica *zazen* en una postura muy cómoda, que sirve para corregir el cuerpo y la mente. Al probar a sentarse según las reglas, se descubren uno tras otro los puntos en los que se concentra toda nuestra energía. Una vez que advertimos en nosotros una tensión, conseguiremos aflojar naturalmente esa parte proporcionando beneficios en el aspecto físico y mental.

La meditación *zazen* mejora la postura y –como lo expresa el término *chōshinchōsokuchōshin*– enseña en primer lugar a armonizar el cuerpo, después a armonizar la respiración y como consecuencia a armonizar también la mente, la parte que no podemos ni ver ni tocar. En realidad en el Eiheiji no se suelen enseñar casi nunca métodos sencillos para respirar o para liberar la mente de los pensamientos, sino que se enseñan reglas prácticas y detalladas que tienen que ver con el cuerpo en su conjunto. Se aprende cómo cruzar las piernas, cómo hacer gestos con la punta de los dedos e incluso cómo controlar la posición de los párpados, de los ojos y de la lengua.

Imitar la postura exigida es más difícil de lo que se piensa, y los malos hábitos me han impedido hasta hoy conseguir utilizar los dedos para formar los gestos simbólicos, como sin embargo habría querido. Además, aunque al principio se piensa en lograr imitar bien, después de veinte minutos como máximo sentados, lamentablemente estos malos hábitos vuelven a emerger. Aparte de las zonas relativamente sensibles y claramente definibles, se movilizan también todas aquellas zonas de las que normalmente no somos conscientes, como la parte posterior de las sienes, la barbilla y el interior del ano, adaptando todo el cuerpo a un modelo.

Si se continúa practicando este tipo de meditación todos los días, se empieza a percibir el delicado equilibrio entre cada uno de los componentes del sistema óseo, y cuanto más se continúa más advertimos que existe una especie de energía –que hasta ese momento se pensaba que formaba parte de uno mismo, pero que en realidad no pertenece a la esfera individual– que circula por el centro del cuerpo y que no es perceptible a través del deporte sino solamente por medio de las prácticas zen.

También el simple acto de sentarse, siguiendo las reglas y prestando atención a la armonía del cuerpo, modifica la relación entre mente y físico de un modo totalmente independiente de nuestra voluntad. Además, se trata de un cambio no buscado voluntariamente, y mucho más apreciado precisamente porque llega de forma inesperada.

En el arte de estar sentados no existen principiantes o personas expertas: se pone simplemente todo el empeño posible en hacerlo, y es en eso en lo que consiste el *shikantaza*. Tampoco somos valorados. Sentados somos todos iguales.

Cruzando manos y piernas practicaba *zazen* en silencio, la boca y el ano estaban unidos por una línea recta y experimentaba la sensación de regresar al origen de la vida. Yo, que hasta entonces vivía buscando constantemente la aprobación de los demás y prestando atención a las reacciones ajenas, empecé a apreciar muchísimo aquellos momentos.

Estando simplemente allí, siento que circula dentro de mí algo que no soy yo

Shikantaza

En el Eiheiji no se piensa solamente en el cuerpo: el ambiente circundante se ordena con el mismo cuidado que se reserva a uno mismo. Lo que continúa siendo concebido según el modelo tradicional es el tiempo reservado a los trabajos manuales. En el monasterio todas las funciones respetan el principio: «Lo primero el trabajo y después el trabajo». Estas se realizan con particular diligencia, especialmente en los tres puestos denominados *sanmokudōjō*, «los tres *dōjō* del silencio»: sala de meditación, baño y bañera. Esto no se refiere solamente a los monasterios zen, sino a cualquier lugar en el que se viva.

El objetivo de los trabajos manuales no es quitar la suciedad. Se sigue limpiando independientemente de eso. Al hacer los trabajos todos juntos saludamos siempre a la mañana con un sentimiento de frescura, y logramos enfrentarnos a la jornada con alegría utilizando absolutamente todas las propias fuerzas.

Se pasa el paño con regularidad en línea recta, de arriba abajo, de detrás adelante, de modo que el agua fluya siguiendo la fuerza de la gravedad. Mientras tanto este procedimiento se transforma en una costumbre. Existe una regla para ordenar las zapatillas cuando uno se las quita: se le enseña a colocarlas rectas en el lugar establecido de antemano, y si se mueven aunque sea poco, uno es amonestado severamente.

Si se hace esto se vive cotidianamente en un ambiente «acondicionado», y el cuerpo no puede hacer menos que estar en armonía. A través del tiempo no he conseguido saber si era yo el que armonizaba el cuerpo o en cambio era el cuerpo el que me armonizaba a mí, pero a pesar de no haberlo sabido, ahora me siento honesto y justo.

Ekiho Miyazaki Zenji ha hablado de este modo del zen:

«El zen es lo que Dōgen Zenji llamaba *zazen*.

Cuando se habla de zen se piensa en algo específico, pero no es así.

El zen es llegar a ser todo uno con algo, y por eso cuando se camina, el zen es caminar, y cuando se habla, el zen es hablar.

También quitarse las zapatillas es una forma de *zazen*.

Colocar las zapatillas es algo natural.

Por ejemplo, si las zapatillas están torcidas no se pueden dejar así.

Si las zapatillas están torcidas somos nosotros mismos los que estamos torcidos.

Y puesto que nosotros mismos estamos torcidos, no podemos enderezar las cosas torcidas.

Por eso, incluso cuando se coloca una cosa, ponerla desordenada o ponerla derecha, es la propia mente la que se manifiesta.

Cuando la mente es recta necesitará enderezar todas las cosas.

No hagáis prácticas ascéticas sino haced las cosas de manera natural.

No existen otras cosas que sea necesario hacer aparte de esas».

(Especial de la emisora NHK,
El maestro zen de ciento cuatro años del Eiheiji,
retransmitido en junio de 2004)

No se trata de hacer cosas especiales. Dormir, despertarse, sentarse, lavarse, comer...

Es natural realizar estas acciones, comunes a todos. Está todo aquí. Sin embargo, a pesar de tratarse solamente de esto, hay algo diferente.

Un mundo que antes del amanecer es monótono, se vuelve de una belleza indecible cuando se pinta con los colores del sol. El gorjeo de los pájaros, la lluvia y el viento, el sonido de los árboles que se balancean parecen el ritmo de una música. Cuando empiezo la jornada sentándome recto frente al perfume del arroz de mi desayuno, de algún modo también yo experimento una sensación de armonía.

Había creído que me enfrentaba al ingreso en el monasterio teniendo que soportar unas reglas de vida severas porque estas formaban parte de las prácticas ascéticas, y en cambio me encontré emocionándome con las pequeñas cosas cotidianas, sintiendo a continuación una enorme felicidad semejante a la vivida de niño, que hacía que me entraran ganas de bailar.

Y entonces pensé: «Es un pecado tener todo esto solo para mí. De alguna manera quiero transmitir estas enseñanzas a todos».

Precisamente en esa época Ekiho Miyazaki Zenjki, el maestro zen al que tanto veneraba, nos abandonó. A pesar de haber superado los cien años, hacía *zazen* en la sala de meditación con nosotros los *unsui*, y después de haber realizado una peregrinación por todo Japón y predicado sus enseñanzas, había afirmado que «aprender es imitar». No sé si también yo seré capaz de hacerlo o no. En cualquier caso continuaré imitando su figura con todo mi empeño en mi vida fuera del monasterio. Una vez establecido esto, cuatro años después de mi ingreso en el Eiheiji, en primavera decidí «bajar de la montaña».

Los desafíos de una ciudad como Tokio

Al principio todo fue bien. En primer lugar decidí que haría a pie el camino desde el Eiheiji a Izumo, donde se encuentra el templo del maestro. Los veinte mil yenes que tenía se acabaron enseguida, pero cuando se está concentrado en un objetivo tan claro como el de «caminar», solo se puede poner en ello el máximo empeño. Continué pues sin preocuparme de nada, y muchas personas me ayudaron encantadas. El muchacho que me ofreció un pan de pasas, el hombre que compartió conmigo la comida que guardaba en un saco, el viejecito que me llevó con él a las termas... Simplemente caminando, mañana encontraré personas que con amabilidad y con la sonrisa siempre presente en sus labios, estarán dispuestas a mantener mi cuerpo ahora destinado a andar. Este ha sido un gran descubrimiento.

La presidenta de una empresa me habló de su pasado, en el que había trabajado mucho:

–Lo que me salvó en el momento de mayor depresión fue hacer algo por los demás.

Ponerme en contacto con este tipo de personas hizo que también a mí me entraran ganas de hacer feliz a alguien sin recibir nada a cambio. Precisamente en el momento en que empecé a pensar de este modo, tuve la posibilidad de atender todas las peticiones de las personas que encontré a lo largo del camino, como ayudarlas a lavar la ropa o a desenterrar un brote de bambú.

Incluso hubo un hombre que me pidió que recitara los *sutra* para su mujer muerta. Después de preguntarle si un joven monje como yo era la persona adecuada, recité los *sūtra* empeñándome al máximo. Viviendo de este modo, haciendo todos los días algo por alguien y haciendo felices a todos, el mundo podría cambiar notablemente. Y a pesar de que era yo el que ayudaba a los demás, todo eso hizo surgir en mí el deseo de estar agradecido a ellos.

Sin embargo, después volví a vivir en Tokio y, al tener que pagar el alquiler, las cosas cambiaron. Lo primero de todo porque había vivido en el Eiheiji durante tres años sin hacer casi nunca uso del dinero, y me sentía tremendamente fuera de lugar en una sociedad en la que todo giraba en torno al dinero. Y, sin embargo, no podía hacer nada. Al principio creí que necesitaba solamente una pequeña suma, y por eso inicié toda una serie de trabajillos a tiempo parcial para ganar algo. No obstante a la vez comencé a percibir la importancia de aquel «mínimo de dinero» necesario para la vida cotidiana: el alquiler, los gastos de la luz y del gas... Tendría que haber hecho algo por los demás sin pedir nada a cambio, pero sin darme cuenta había dado prioridad a un trabajo que me garantizara unos ingresos. Ya no tenía forma de analizar cuáles eran las cosas realmente necesarias en mi vida, y cuando quise darme cuenta mi existencia estaba ahora sumida en el caos. Al llegar a cierto punto comprendí que para reducir el estrés de ganarme con qué vivir me había convertido en un ser dependiente del dinero, y entonces decidí abandonarlo.

De todas formas, lo que me ocurrió a mí no necesariamente constituye un ejemplo válido para los demás.

Por ejemplo, si impusiéramos «no utilizar» el dinero que tenemos a nuestra disposición, quitaríamos el gusto de utilizarlo a quien en cambio se sirve de él con placer. Desde el primer momento en que se pronuncia la palabra dinero, uno se convierte en su prisionero. Por eso, en lugar de prohibirme el uso del dinero, preferí intentar imitar la vida en el Eiheiji, durante la cual no era esclavo del dinero.

Decidí que si me hubieran dado dinero, lo habría aceptado agradecido pero no lo habría utilizado en mí. Realmente se hubiera podido encontrar con dificultad porque no había cantidad alguna a mi disposición, pero se trata de una posibilidad en la que es mejor no pensar. Eso es todo y, sin embargo, incluso tomando solamente esta sencilla decisión, conseguí establecer de una vez por todas qué haría con mi vida y dónde viviría. Por lo tanto, cuando dejé de trabajar por dinero, se produjo un profundo cambio en mí.

Exactamente un año después de haber salido del Eiheiji, me invitó a comer una persona a la que quiero mucho desde los tiempos de la universidad.

Nos pusimos a hablar de cómo mi modo de comer parecía renovado, y quería saber el secreto. Uno de los aspectos positivos de las normas del Eiheiji es que son tan espontáneas que la persona que tenemos enfrente no se da cuenta de nada. De hecho no esperaba que me consideraran «renovado», pero me sentí feliz de que una persona que era para mí como un hermano mayor me hubiera dicho algo así, y le conté cómo se tomaban los alimentos en el monasterio. Sin pensarlo dos veces, mi amigo quiso ir conmigo al Eiheiji y, sosteniendo que deberían difundirse por todo el mundo, me invitó a recopilar los rituales relacionados con las comidas de los monasterios zen y relatarlos. Gracias a él logré poner en práctica las normas alimenticias del Eiheiji en el mundo exterior, con mucha más atención. Del mismo modo que en aquella ocasión, cada vez que tomo una decisión aparece una persona que misteriosamente me echa una mano. Por supuesto, no se trata solamente de personas que me apoyan. Si se espera encontrar siempre ayuda sin hacer el menor esfuerzo, aun buscándola, no se encontrará ninguna persona amable. Es como en el amor: cuando se deja marchar a una persona, regresa, pero si en cambio nos volvemos dependientes, nos abandona.

Al cabo de tres años desde que había vuelto a vivir en Tokio, alquilé una casa con otros dos hombres, por invitación de un amigo de la universidad. Cuando se comparten los gastos de la vida con otras personas, es sorprendente cuánto se consigue ahorrar. Por otra parte, me di cuenta de que viviendo juntos bajo el mismo techo uno acaba sintiéndose como en una familia. Vivía en una buhardilla de cuatro *tatami* aproximadamente, que nunca me pareció pequeña. Recuerdo con afecto el *sentō*, la panadería y la tienda de licores que había en el barrio como si formaran parte de la casa, porque me daba la impresión de que era mi casa que se ampliaba hasta incorporarlos. En poco tiempo el círculo de vecinos que parecían formar parte de una única gran familia se ampliaba cada vez más, y toda la ciudad me parecía como una casa en la que vivir durante mucho tiempo, motivo por el que sentí cada vez menos que el dinero era algo necesario. Al eliminar el dinero, los lazos interpersonales que giraban alrededor de las pequeñas tareas cotidianas se habían reforzado.

La entrada del Eiheiji está siempre abierta y en ella hay escritas estas palabras: «Está permitido el ingreso incluso a un niño pequeño si tiene fuerza de voluntad, pero cualquiera que sea su posición social, si no tiene voluntad no logrará entrar». Es una casa en la que todos piensan en los demás, como si fuera una familia de cien personas, y en la que todos están unidos por normas universalmente respetadas. A los compañeros con los que pasé el periodo del noviciado en el Eiheiji los quiero como a hermanos o como miembros de mi familia, y pienso que eso es así porque hemos compartido los rituales de la comida.

En el piso en el que viví fuera del monasterio habíamos evitado los problemas de las relaciones entre nosotros reuniéndonos regularmente y charlando mientras tomábamos un té. Habíamos establecido normas para los trabajos domésticos como la limpieza, los gastos, cocinar, ordenar, que si los afrontan varias personas no suponen un gran problema.

Por ejemplo, habíamos establecido el horario de los trabajos matutinos de modo que los hiciéramos todos juntos.

No solo nos saludábamos entre nosotros en casa y saludábamos siempre a nuestros vecinos, sino que si era posible nos ocupábamos también de la limpieza de las calles de alrededor del piso, reforzando así los lazos de vecindad. Es verdad que hubo problemas, pero representaron una oportunidad óptima para acostumbrarnos a la convivencia, para aprender la forma de resolver los pequeños dramas de la vida cotidiana y reforzar la cohesión.

Al principio pensaba que compartir los bienes de primera necesidad con alguien me crearía excesivos vínculos, pero aprendiendo de los ritos relacionados con las comidas, respetando a las personas, a las cosas y al ambiente mismo, invirtiendo tiempo y esfuerzo, tomando como modelo esa sensación y llevándola a la práctica, esta situación no me ha creado el menor malestar. Incluso, gracias a la condición familiar de la casa, he comprendido que mi mundo se estaba ensanchando y me he convencido de que semejante fraternidad no se crea solamente gracias a vínculos de sangre o a la vida comunitaria entre los muros del monasterio.

Si se prueba a ir más allá de la racionalidad, cada vez que se supera un problema se abre un nuevo panorama. El ansia de posesión ha desaparecido, he ido a los lugares a los que quería ir, he conocido a las personas que quería conocer y, como complemento, he conseguido crear vínculos.

Extrañas normas
que cuanto más rígidas
son más te liberan

Yo también creía en una época que estas normas eran demasiado rígidas, y que quizá era mejor hacer las cosas con plena libertad. Sin embargo, después de haber buscado y rebuscado la libertad, he comprendido que esta no tenía ningún sentido si iba unida solamente a mi persona. Según los ritos es importante que las personas que están alrededor de uno sean libres, y me he dado cuenta de que al final también para mí era esta la verdadera idea de libertad, porque bastaba con reducir al mínimo «los límites de la libertad de quien está a nuestro alrededor».

He meditado mucho sobre el asunto y he llegado a la conclusión de que la libertad concebida racionalmente no es desinteresada, y en última instancia ni siquiera es lógica. Si se busca demasiado la libertad dentro de uno, el viento contrario aumenta y las restricciones se vuelven cada vez más fuertes.

Por ejemplo, acumular y comer los alimentos pensando solo en uno mismo, y solo porque se tiene hambre, crea problemas a los que están alrededor: podrían de hecho sentirse cohibidos o bien atraer el resentimiento de alguien y quedar excluidos. No hay duda de que nadie querría jamás acercarse a una persona tan ansiosa.

«Lo que nos rodea» está en conexión no solo con el exterior de nuestro cuerpo, sino también con el interior.

Si por ejemplo comemos o bebemos demasiado, presas de la codicia, al día siguiente las condiciones de nuestros órganos internos serán completamente distintas. Todo lo que está correlacionado –el interior, el exterior y uno mismo– se encontrará con dificultades.

Por otra parte, pensad en Kōsen Sasagawa, el *rōshi* del templo Tenryūji que os he presentado en la primera parte: se despierta antes del amanecer, practica *zazen*, recita los *sūtra* y come siguiendo las reglas. A primera vista puede parecer que lleva un estilo de vida demasiado formal, pero en realidad disfruta de cada día con serenidad, recibe a todos los que llegan al monasterio, ríe con ellos y se enfada. Con más de setenta años es lo bastante ágil como para apresurarse a ayudar a una persona con problemas en cualquier parte de Japón. Es tan libre que no parece en absoluto la misma persona que practica *zazen* durante todo el día.

De este modo, si probáis a extender la misma reflexión a la naturaleza, a respetar a todos los seres y a comportaros delicadamente con ellos, limitaros a vosotros mismos garantizará la libertad de los demás, y a cambio tendréis el viento a vuestro favor.

Si no pensáis en términos racionales, sino seguís los ritos intentando regular la alimentación cotidiana, la libertad que vuestro cuerpo desea y la libertad de los demás acabarán coincidiendo sin que tengáis que esforzaros más de la cuenta. De este modo, no podréis por menos que daros cuenta desde el principio de que las presiones ejercidas por los demás aumentan en el momento en que os dejáis guiar por vuestro ego. Tendréis la sensación de comprender automáticamente la diferencia entre lo que podéis comer y lo que en cambio es superfluo.

Si seguís esta sensación ya no os consideraréis los protagonistas de «estar allí sencillamente», y descubriréis un nuevo punto de vista. Entonces el mundo os permitirá sentiros libres, y sobre todo comprender en qué consiste la verdadera libertad.

Las normas vinculadas con las comidas han llegado por lo tanto a convertirse en el punto de partida para lanzaros a este «mundo».

Intentad imitar
con honestidad

Pueden existir personas a las que todo esto les parezca imposible. Lo primero de todo deben encontrar a su alrededor alguien que dé importancia a la alimentación e intentar imitarlo.

En Japón, como en Alemania, existen muchos monjes que se dedican diariamente a su mejora espiritual y que practican estos ritos en silencio.

Por ejemplo, el *rōshi* Muhō Nölke, el monje berlinés de Antaiji, a pesar del obstáculo lingüístico y cultural, lleva una existencia casi autárquica basada en la agricultura y el estilo de vida zen entre las montañas de la prefectura de Hyōgo, y toma las comidas sirviéndose del *ōryōki*. En el mundo existen muchos monjes que, aunque desconocidos, practican un estilo de vida del que deberíamos tomar ejemplo. En realidad no son solo monjes. Vuestra anciana vecina podría dar un perfecto ejemplo de las normas relacionadas con las comidas. Intentad escuchar a personas de este tipo. Aunque tratar de comprender racionalmente resulta difícil, imitando lo conseguiréis enseguida. Imitar los ritos relacionados con las comidas es la oportunidad más sencilla y el atajo más rápido para aprender el modo de vivir de nuestros predecesores. Incluso aunque no se entienda bien el significado, probad solamente a seguir con naturalidad los ritos que vuestros *senpai* practican y que os han transmitido.

Los ritos del Eiheiji que os he presentado hasta ahora representan la modalidad de comer más lógica que yo he experimentado jamás. Sin embargo, también esto cambia según la época y el lugar, y no existe nada que sea correcto de manera absoluta. El propio Dōgen Zenji escribió en el *Fushukuhanpō* que «sería necesario seguir la regla del Buda Śākyamuni de comer con las manos, pero ahora se utilizan los palillos, según la costumbre en Japón desde hace algún tiempo». También el uso tradicional de comer con los palillos ha cambiado en muchos lugares, y no hace falta obstinarse en mantenerlo con vida. Es importante empezar siempre imitando a un maestro, para después buscar métodos lógicos para llevar a la práctica sus enseñanzas.

También la naturaleza es un modelo. En el *Sūtra del último discurso*, como ejemplo del mejor modo de tomar una comida, Buda Śākyamuni cita la relación entre una flor y una abeja. En otras palabras, se debería comer como lo hace la abeja, que a pesar de chupar el néctar de la flor no destruye el color ni el perfume. La vida de los monjes imita este aspecto de la naturaleza.

Ekiho Miyazaki Zenji dijo a propósito de esto:

«La naturaleza es perfecta. Llevo un diario, en él he escrito en qué mes y en qué día brotan las flores, todos los meses, en qué mes y en qué día los insectos empiezan a cantar. Año tras año estas fechas apenas cambian. Son muy regulares, así como las leyes. La que cumple las leyes es la Madre Naturaleza, la Madre Naturaleza está de acuerdo con las leyes. Por eso las personas deben vivir imitando a la naturaleza. Si cumplís vuestros deseos acabaréis en un mar de confusión. La Madre Naturaleza respeta la verdad en silencio. No quiere ser admirada y no quiere ser recompensada en relación con lo que hace. Cuando llega el momento deja que broten las flores, y, en silencio, se la admire o no, hace todo lo que tiene que hacer y luego se va. Eso es lo que hay que hacer, esas son las enseñanzas, esa es la verdad».

(Especial de la emisora NHK, *El maestro zen de ciento cuatro años del Eiheiji*, difundido en junio de 2004)

Aprendiendo de los monjes que ponían en práctica secretamente y en silencio estas palabras, e imitándolos, yo también de alguna forma conseguí llevar a cabo los ritos relacionados con las comidas.

Con frecuencia me hacen esta pregunta:

–¿Qué haces para ganarte la vida?

Hoy en día «ganarse la vida» se utiliza casi siempre en el sentido de «ganar dinero». Es obvio, pero para mantenerse basta solo con comer. El mundo de los alimentos no gira alrededor del dinero, pero tiene como núcleo la vida. El primer esfuerzo que se puede hacer para intentar comer es enfrentarse directamente a esta necesidad. No se puede sustituir el concepto de comer con el de ganar dinero. Las cosas necesarias son ante todo el aire y el agua limpia, después la tierra, la vida y el propio cuerpo. Es necesario hacer solamente lo que es necesario para procurarse estas cosas.

Han pasado diez años desde que empecé a imitar un estilo de vida basado en estas normas alimenticias, y hasta ahora nunca he tenido problemas de hambre y de frío. Al contrario, estoy más sano que antes y se me han abierto unas posibilidades que anteriormente no veía. Eso significa que ya no estoy obligado a gastar para poseer algo, sino que tengo como la sensación de sumergirme en la tradición, precisamente como cuando, al caminar en medio de la niebla, la ropa se va impregnando poco a poco de la humedad. Al principio no entendía bien el sentido del estilo de vida tradicional de los monjes, transmitido de generación en generación. A decir verdad, no lo entiendo bien tampoco ahora. Estudiaba todos los días y nunca conseguía llegar a una conclusión. Sin embargo, ahora estoy más tranquilo, he dado un paso adelante y puedo aconsejar a todos sin la menor vacilación esta forma de vivir, precisamente porque sigue realizándose desde los tiempos antiguos. Es un estilo de vida que ahora ya ha sido aprendido y apreciado en todo el mundo.

El zen nos da la posibilidad de vivir de una forma nueva

Si una existencia centrada en el objetivo de ganar dinero os deja perplejos, sabed que existe además una forma distinta de vivir.

Seguramente habrá alguien que objetará, afirmando que se trata de una idea nada realista, que no todos son tan afortunados como yo, que para las personas normales vivir sin dinero es imposible, y que, por el contrario, la administración minuciosa de los propios ahorros y un estilo de vida bien planificado nos permiten vivir libres e indiferentes al dinero. Si no nos preocupa el dinero, ¿qué se hace si la propia familia y los propios amigos se quedan en medio de la calle? Al parecer también en el periodo Kamakura se produjeron discusiones similares.

En el *Shōbōgenzo Zuimonki* está contemplada la siguiente pregunta que un hombre hizo a Dōgen Zenji:

–Últimamente se ha convertido en una cuestión de sentido común prepararse para no tener que preocuparse por las necesidades primarias como la ropa, el alojamiento y la comida. Las debidas precauciones ayudan en el aprendizaje de la vida de Buda sin crear confusión en las prácticas ascéticas. Sin embargo, viendo tu situación, Dōgen Zenji, parece que tú confías solamente en el hecho, sin enfrentarte a ninguna preparación de ese tipo. Si esto es verdad, ¿no deberías preocuparte por el futuro? Ganarse regularmente la vida, estar tranquilos y empeñarse en las prácticas ascéticas, ¿no es quizá lo más lejano de la codicia que puede existir?

Así respondió Dōgen Zenji:

–Respecto a esto yo no actúo solamente basándome en mis ideas personales, sino basándome en el ejemplo de los hombres del pasado. Buda Śākyamuni enseñó a dar a las personas con dificultades todo lo que necesitan, incluidos los propios escasos vestidos y el propio cuenco. No existe una norma que establezca cuánto y cómo permanecer atados a los bienes materiales. No existe límite al hecho de intentar ganarse la vida como cada uno crea conveniente. Si algún día tuviera que terminarse toda la comida y no se supiera cómo ganarse el pan, sin duda habrá que retractarse de este valiente modo de actuar y tomar medidas.

En otras palabras, Dōgen Zenji había resaltado el hecho de que tal concepción de vida no era «una idea personal, sino algo practicado durante generaciones» y que «no se debe exagerar: si realmente se presenta un problema se toman medidas en el mismo momento».

Dōgen Zenji no buscaba explicar ni convencer. No quería dar su opinión sobre el asunto, pero respondió solamente porque «se le había preguntado».

No se trata de una de esas cosas que se pueden explicar racionalmente diciendo «Si se hace así estará bien porque...». Si nos basamos en la práctica, lo que se expresa con palabras no puede sino parecer incoherente.

En esta época, somos capaces de conocer en tiempo real la situación del mundo entero a través de internet. Hace más de setecientos años, quizá, no se podía estar igual de tranquilos. ¿Pero y si hoy, por casualidad, la comida escasea? Si cada cual empezara a mirar a su alrededor y a compartir con los demás aquello que dispone, ¿podremos continuar diciendo que existe el riesgo de quedarnos sin comida?

Todo aquello por lo que se lucha no basta, en el momento en que prevalece lo que se comparte, y provoca sonrisas y felicidad en los demás. Si estáis hartos del capitalismo, probad por una vez a deteneros. Un estilo de vida en el que no se deba subir al ring de los cambios monetarios existe realmente. ¿Un modo de vivir así se logra «por casualidad»? Yo no lo creo. Lo que sí es cierto es que, aunque sea algo pequeño y fácil, cambiar nuestras costumbres relacionadas con la comida provocará un cambio global en el mundo.

Existe una famosa historia que cuenta cómo Jesucristo dividió cinco panes entre cinco mil personas que se habían reunido a su alrededor. Si se juzga con los ojos de la normalidad, dividir cinco panes entre cinco mil personas es imposible. Sin embargo, se puede suponer que las cinco mil personas presentes, una vez comprendida la disposición de ánimo de Jesús, empezaron a compartir todo aquello de lo que disponían, actuando de modo que todos pudieran saciarse. De este modo todo está relacionado y por eso si todos estuvieran dotados de un ánimo comprensivo y reflexionaran sobre sus gestos, lo que comúnmente es considerado como imposible podría, por el contrario, llegar a ser realizable.

Quizá penséis que es una idea interesante pero que para vosotros es impracticable. En realidad, en una época también yo pensaba así. Sin embargo, ¿os parece lógico que cosas imposibles se hayan transmitido durante dos mil quinientos años? La cosa interesante es que los ritos que hacen posible esta forma de vida se llevan a cabo en comunidades que no poseen un ejército y que no piden impuestos a sus propios miembros. Los templos budistas están protegidos desde la India y China hasta Japón, y debe existir un motivo por el que tanta gente haya creído en la eficacia del zen en épocas y lugares distintos.

Ha habido quien durante generaciones ha continuado practicando estas normas para demostrar en primer lugar su validez. Además, sin llegar a una explicación lógica, cada cual puede intentar fácilmente practicarlas.

Antes de comer, junto las manos en la postura del *gasshō* y digo: *itadakimasu*.

Está bien empezar por algo sencillo.

Después de haber comido realizo el rito del *senpatsu* lavando los cuencos con el té, y digo: *gochisōsama*.

También en los momentos de desánimo el sentimiento de gratitud me da valor y me permite pensar que también haré lo que pueda.

Regularizar a través de la comida ese «conducto» que es el ser humano

Cambiando la alimentación cambiará el mundo.

Dōgen Zenji expresa el concepto de «hacer solamente *zazen*» con el término *shikantaza*. Si probáis a leer por separado los ideogramas que componen este término, resultará un concepto como «estar sentados y convertirnos sencillamente en un conducto»: ¿no os parece interesante? Esta es solo una teoría mía, pero si consideramos el ser humano como «un conducto que piensa», una vez que hemos regularizado dicho conducto a través de la comida, podremos vivir con salud y en armonía. Shigeo Miki, un biólogo del siglo xx, estudió el proceso gracias al cual el ser humano se forma de un óvulo fertilizado, después de repetidas divisiones celulares. Según esta investigación, lo primero en desarrollarse parece ser un blastoporo que se convierte en un conducto, que después se convierte en un órgano interno. He oído afirmar que órganos como las manos y los pies, los ojos y el cerebro, que creía que estaban en el centro de las actividades humanas, desempeñan en cambio las funciones «de apéndice», y lo he encontrado interesante. Los órganos internos ejercen una influencia determinante sobre la salud. La verdad es que, independientemente de la capacidad laboral y de la posición social, si los órganos internos están dañados, uno se muere. Esto es común a todos, sea cual sea el estilo de vida que se lleve. Cuando se trata de regularizar la alimentación, el conducto, el cuerpo y la mente, no hay duda de que los monjes budistas han intuido cuáles eran las modalidades más eficaces para hacerlo.

Si se mira el mundo desde el punto de vista de un conducto, las cosas que hay que hacer están claras. Hasta un cierto punto creía que era yo el que controlaba todo mi cuerpo, pero cambié de idea cuando dirigí mi mirada a la comida con serenidad. El corazón, los vasos sanguíneos, el esófago, el estómago, el ano... cada uno de ellos hace unos movimientos que prescinden de la voluntad, y aceptan o expulsan diligentemente las cosas que se les introducen.

La voluntad, que hasta entonces creía que era el centro de la existencia, es algo profundamente insignificante si se compara con los grandes movimientos involuntarios. De hecho, si tengo preocupaciones, pone todo su empeño en hacerme fruncir el ceño, poner tensa mi barbilla, encogerme de hombros y doblar la espalda. Se niega a dejarme marchar, y la respiración, la circulación, el fluido de las cosas digeridas se paralizan: me convierto en un niño maleducado, que obstaculiza la natural actividad del conducto.

Yo, que siempre he sido refractario a las normas y a las reglas, he logrado apreciar los rituales zen relacionados con las comidas por la sencillez con la que regularizan el conducto. Basta el simple hecho de no estancar las aguas y depurar el cuerpo secundando la fuerza de la gravedad. Nunca he oído una historia de discriminación relacionada con el diverso color del intestino. La lengua, la raza, la diversidad de pensamiento no tienen nada que ver con un conducto. Todos somos iguales.

Si a través de los rituales relacionados con la comida logramos vernos como un simple conducto semejante a un pepino de mar, las diferencias de capacidades entre los individuos se vuelven tan insignificantes como las diferencias entre euglenas y hepáticas.

Hasta ahora ni siquiera cuando cometía un error conseguía pedir disculpas, pero aprendí a hacerlo dócilmente cuando comprendí todo esto. El motivo es que me he convencido de que no hay que tener miedo a las aparentes diferencias entre las capacidades humanas: las cosas que no sé hacer no las sé hacer, y eso no quita valor a mi existencia. Por lo tanto, tengo la sensación de que al cambiar la alimentación, y la actitud que va unida a ella, cambiará también el mundo.

Al regularizar el conducto vuelve a estar en forma el cuerpo y la mente. Al hacer eso cambian los comportamientos habituales y se produce una mutación espiritual. Cuando se hace de la forma apropiada, no se corre el riesgo de equivocar el camino.

Si en la Antigüedad nadie hubiera afrontado el esfuerzo de ir hasta China en barco, probablemente no habríamos podido tener noticias del zen. Sin embargo, ahora nos encontramos en la época en la que todo lo que se dice puede difundirse instantáneamente en todo el mundo. Precisamente por este motivo continuaremos comunicándonos con las personas que nos rodean por medio de la práctica, y siempre menos por medio de las palabras. Si se presta la debida atención a los órganos internos, las personas de todo el mundo compartirán un mismo estilo de vida capaz de valorar la existencia humana, que se pondrá en práctica cotidianamente.

Si todos contribuimos a enseñar las reglas que se basan en actos universales como comer, beber y evacuar, aunque surja alguna controversia, lograremos trabajar con satisfacción profunda, tomar los alimentos y vivir una vida sana. Para nuestra generación será quizá difícil, pero dentro de cincuenta o cien años tal vez se consiga poner en práctica este sencillo ideal de vida.

Gracias a varios encuentros fortuitos me encontré con el estilo de vida del Eiheiji, tras lo cual me decidí a imitar los ritos relacionados con las comidas. Hay personas que se maravillan de «cómo me gano la vida» (a veces yo también me sorprendo), a pesar de que tengo la sensación de que Dōgen Zenji diría algo así: «Bien, este estilo de vida te ha dado la tranquilidad, ¿verdad?». Espero que haya personas interesadas en un estilo de vida como este y soy muy feliz por haber tenido la ocasión de escribir un libro de estas características.

Los ritos relacionados con la comida que nos han sido transmitidos unen a todas las personas que viven en este planeta. Sin embargo, no es mérito mío si he conseguido practicarlos. Precisamente por eso, de ahora en adelante es mi intención dedicar cada día de mi vida a difundir estos ritos a todas las personas que conozca y a transmitirlos a las siguientes generaciones.

Armonizad el cuerpo y la mente gracias a las reglas relacionadas con las comidas.

Si sacáis provecho de los lazos que habéis logrado crear con las personas con las que habéis compartido comidas cocidas en el mismo caldero, el mundo estará interconectado y todos los problemas serán resueltos.

Yo no he «enseñado» nada, pero a ti, precisamente porque has leído este libro hasta el final, se te ha confiado un don precioso que tendrás sin la menor duda que conseguir transmitir.

Con la plegaria y el deseo de una vida feliz y saludable.

Seigaku

Mayo de 2015

Agradecimientos especiales

Por último, pero no por orden de importancia, a pesar de que aquí no podré nombrarlos a todos, quiero aprovechar esta ocasión para dar las gracias a las personas que me han ayudado durante la redacción de este libro, especialmente a Hiroyoshi Fujita, Kikue Tamura, Koju Nagami, Tengshing Kazama, Kahuhō Aoe, Miki Maeda y Die Kumagai.

Gracias de corazón.

Textos de referencia

Dōgen Zenji, *Shōbōgenzō,* Kōmeisha

Koun Ejō, *Shōbōgenzō Zuimonki,* Chikuma Gakugei Bunko

Dōgen Zenji, *Tenzo kyōkun . Fushukuhanpō,* Kōdansha Gakujutsu Bunko

Massaki Hirano, *Dōgen no shokujizen,* Tōkyō Shobōsha

Tsūgen Narasaki, *Sōdō no gyōji,* Zuiōji Nyumon Sōdō

Shigeo Miki, *Umi, kokyū, kodai keishū,* Ubusuna Shoin

Glosario

Aemono: traducido al pie de la letra como «algo condimentado», es un término que indica un plato servido como entremés, aperitivo o auténtica y apropiada guarnición, constituido generalmente por verduras (menos frecuentemente por pescados o mariscos) condimentado con vinagre, salsa de soja, *mirin* y *dashi*, y eventualmente con otras especias y condimentos.

Asazuke: método de conservación de las verduras por medio de la utilización de la sal, que se caracterizaba antiguamente por preparaciones más bien rápidas.

Ānanda: primo de Buda y su segundo sucesor, también es llamado Custodio del Dharma porque, como asistente de Siddhārtha Gautama, había memorizado todas sus enseñanzas. A él se remontan las fuentes orales a partir de las cuales se compone después el *Canone pāli*.

Baizhang Huaihai (en japonés Hyakujō Ekai, 720-814): uno de los grandes maestros del budismo chan de la época Tang, fue discípulo y sucesor de Mazi Daoyi (en japonés Baso Dōitsu), maestro de Guishan Lingyu (en japonés Isan Reiyū) y de Huangbo Xiyun (en japonés Ōbato Kiun). Fundó la tradición monástica desde entonces en vigor en el chan, estableciendo nuevas reglas relativas a la vida cotidiana en el monasterio. Insistió en la importancia de la relación entre la meditación *zazen* y el trabajo cotidiano realizado en el monasterio y en los campos. A él se debe la famosa máxima: «Un día sin trabajar es un día sin comer», un principio que él mismo siguió hasta el final de sus días.

Bodhisattva: término sánscrito (en japonés *basatsu*) que identifica a un ser vivo (*bodi*) que aspira a la iluminación (*sattva*) y lleva a cabo prácticas altruistas. Se cree que los *bodhisattva* hacían cuatro votos para manifestar su determinación de actuar para la felicidad de los demás: «Por muchos seres sensibles que existan, yo hago el voto de salvarlos. Por inagotables que sean las pasiones, yo hago el voto de dominarlas. Por infinitas que sean las enseñanzas, yo hago el voto de estudiarlas. Por inmensa que sea la verdad de Buda, yo hago el voto de conseguirla».

Botamochi: caramelos japoneses que consisten en bolitas de arroz glutinoso envueltas en mermelada de *azuki*. Se toman durante el periodo del equinoccio de primavera y su nombre hace referencia a las peonías (en japonés *botan*) típicas de este periodo.

Buda Śākyamuni: fundador del budismo, también conocido como Siddhārtha Gautama, Gautama Buda o simplemente Buda. Según la tradición budista china y japonesa, vivió entre 1029 a.C. y 949 a.C., pero estudios recientes sitúan su nacimiento aproximadamente cincuenta años más tarde. Hijo del rey de los Śākya (de ahí el apelativo Śākyamuni, «el sabio de la familia Śākya»), una pequeña tribu cuyo reino estaba situado a los pies del Himalaya, renunció a su rango y partió para buscar la solución a los sufrimientos relacionados con el nacimiento y con la muerte. Se cuenta que sentado bajo un árbol de *ficus religiosa*, entró en meditación y obtuvo la iluminación. Para conducir a los demás a la misma condición iluminada, en los siguientes cincuenta años expuso numerosas enseñanzas, que más tarde fueron recopiladas bajo la forma de *sūtra*.

Butsuden: literalmente «habitación de Buda». Uno de los edificios y grandes salas en las que se conserva la estatua de un Buda o *bodhisattva*.

Cuchillo Santoku: cuchillo de cocina japonés cuyo nombre significa «tres virtudes». Sus principales características son una hoja ancha, un buen equilibrio y la capacidad de adaptarse a diferentes usos en el hecho de cortar y desmenuzar, ya sea carne, pescado o verduras. Se diferencia del clásico cuchillo del chef occidental sobre todo por la forma más gruesa de la punta y por la línea de la hoja menos arqueada.

Dashi: caldo que está en la base de muchos platos de la cocina nipona, entre los cuales se encuentra la sopa de *miso*, cuyo sabor característico está considerado como la quintaesencia de la gastronomía japonesa.

Dharma: término sánscrito que posee dos significados fundamentales: por una parte, indica el segundo de los «Tres Tesoros» o «Tres joyas» (junto a Buda y Sangha) e identifica las enseñanzas de Buda, la «Ley». Por otra, aunque escrito con la inicial minúscula, indica también los distintos fenómenos que se pueden observar, o sea todos los objetos que se pueden conocer, los de la mente, los objetos materiales, las reglas y las tradiciones religiosas y los comportamientos virtuosos.

Dharmakāya: el «Cuerpo del Dharma», o sea el cuerpo que corresponde al plano de las enseñanzas o de la realidad última: inmaterial, privado de forma, inconcebible, corresponde al vacío de la iluminación. Sintentiza en él los otros dos cuerpos y aparece indicado con el término *dharmayākāya* («Cuerpo de la Realidad»).

Dōgen Zenji: monje budista y maestro zen japonés (1200-1253), famoso por haber fundado la escuela zen

Sōtō tras haber realizado un viaje a China y haber estudiado bajo la dirección del maestro Rujing de la escuela Caodong. Es famoso por su obra maestra *Shōbōgenzō* (El tesoro del ojo del verdadero Dharma).

Echizen: antigua provincia de Japón, que hoy forma parte de la prefectura de Fukui, en la que Dōgen Zenji fundó el Eiheiji en 1244.

Euglena: especie de alga unicelular solitaria, que nada libremente gracias a un largo flagelo que se produce en la citofaringe. Las células están dotadas de una cutícula densa de estrías helicoidales, que permiten al alga cambiar de forma mediante movimientos metabólicos (contracción y extensión).

Fujian: provincia de China situada en el sudeste, a lo largo de la costa colindante con Zhejiang al norte, Jiangxi al este, y Guangdong al sur, separada de Taiwán por el estrecho de Formosa.

Fukui: prefectura japonesa con la capital Fukui, situada en la región central de la isla de Honshū y que se asoma por el oeste al mar de Japón (o mar Interior).

***Fukujinzuke*:** particular tipo de *tsukemono*, escabeche típico de la cocina japonesa. El nombre deriva originariamente de los acontecimientos de las Siete Divinidades de la Fortuna. Suele servirse como acompañamiento del curry japonés y consiste en *daikon*, berenjenas, raíces de loto y pepinos desmenuzados muy finos y metidos en salmuera, en una base condimentada con salsa de soja, que confiere un resultado final muy crujiente.

***Futon*:** colchón enrollable que se extiende directamente en el suelo para dormir y se guarda en el armario después del uso.

Gasshō: literalmente «manos juntas». Expresión zen que indica un gesto muy antiguo, común a numerosas civilizaciones del mundo (especialmente las orientales) y que expresa el saludo, la solicitud, el agradecimiento, el respeto o la adoración. En la acción de «unir las manos» se expresa de forma espontánea la consciencia de la unidad de las fuerzas opuestas del mundo fenoménico.

Gochisōsama: fórmula japonesa recitada, por tradición, al final de cada comida.

Gyoku: tambor de madera, tallado en forma de pez, que se golpea con una varita envuelta en un paño durante la recitación de los *sūtra* en los monasterios budistas. En el budismo, los peces –que no duermen nunca– simbolizan la continua disponibilidad y el despertar del espíritu, dones indispensables del camino del budismo.

Hepática: planta no vascular perteneciente a la división *Marchantiophyta*, que comprende aproximadamente siete mil especies distribuidas en todo el mundo con una especial predilección por las zonas más húmedas.

Hyōgo: prefectura japonesa con capital en Kobe, situada en la región del Kansai de la isla de Honshū y colindante con las prefecturas de Kagawa, Kyōto, Ōsaka, Okayama, Tottori y Tokushima.

Hyōshigi: bloques de madera, con frecuencia unidos por una cuerda, utilizados en el teatro *kabuki*, en el *sumo*, en las fiestas tradicionales y en las rondas antiincendios realizadas las tardes de invierno en los barrios predominantemente constituidos por casas de madera.

Instintos ilusorios: también llamados «pasiones ocultas» (en sánscrito *kleśa*, en japonés *bonnō*). Aflicciones mentales que esconden una clara visión de la realidad y una correcta interpretación de las situaciones de la vida, más conocidas como los «Tres venenos» (Codicia, Odio é Ignorancia), de las que más tarde derivan todas las demás.

Itadakimasu: fórmula japonesa recitada, por tradición, antes de cada comida. Originariamente expresaba gratitud por los alimentos recibidos y por quien había contribuido a hacerlos llegar a la propia mesa (en español podría convertirse en «Humildemente, recibo este don»), sin embargo, actualmente, la expresión ha entrado a formar parte del lenguaje cotidiano, y se suele olvidar ese significado.

Izakaya: local típico japonés, comparable a nuestros bares, que vende bebidas acompañadas de aperitivos y pequeñas porciones de alimentos.

Izumo: ciudad japonesa de la prefectura de Shimane, en la región del Chūgoku, famosa por uno de los santuarios sintoístas más antiguos e importantes de Japón.

Jōen: mesa de madera en un extremo del *tan*, la plataforma sobre la cual los monjes duermen y practican *zazen*, situada donde termina la superficie del *tatami*. En ella se ponen los cuencos durante las comidas y está prohibido sentarse en ella o poner los pies.

Kamakura: periodo de la historia de Japón que se extiende de 1185 a 1333, caracterizado por el gobierno del shogunato Kamakura establecido en 1192 por el *shōgun* Minamoto no Yoritomo, procedente de la ciudad de Kamakura.

Kesa (del sánscrito *kasāya*, «ocra»): prenda que se pone el monje sobre las demás, en Japón y en China se pasa sobre el hombro izquierdo y bajo el derecho, para indicar que el monje es un seguidor de Buda Śākyamuni.

Konbu: alga marrón, perteneciente al grupo de las laminarias, que crece en abundancia solamente bajo la superficie del agua, se utiliza mucho en la cocina japonesa para condimentar y endulzar de modo natural, para ablandar otros alimentos o simplemente como cualquier otra verdura.

Konnyaku: gelatina que se produce mezclando la harina de *konjac* (obtenida de la raíz tuberosa de la planta del mismo nombre –también conocida como «lengua del diablo»– que se cultiva en China, Japón, Corea, Taiwán y el Sudeste Asiático) con agua o agua de cal, y se utiliza como ingrediente en muchos platos típicos de la cocina nipona como *oden, sukiyaki, gyūdon* y en los espaguetis *shirataki*.

Kosan: novicios con más años de experiencia en el interior del monasterio.

Kufū: concepto zen que expresa el arte de hacer cosas con los medios que se tienen al alcance de la mano, en todas las situaciones.

Mahākāśyapa: discípulo directo de Buda, primer sucesor como guía del Dharma después de su muerte y primer maestro zen.

Mahāsattva (o bodhisattva cósmicos): *bodhisattva* plenamente iluminados que han alcanzado el *nirvana* completo del Mahāyāna pero que, sin embargo, renuncian a la extinción completa propia de Buda prefiriendo renacer para ayudar a los seres sensibles. Estos seres viven, pues, en el *samsāra* pero no están implicados.

Matsuri: fiesta tradicional japonesa, vinculada al culto sintoísta, que hunde sus raíces en las tradiciones religiosas, en las prácticas agrícolas y en las conmemoraciones de importantes acontecimientos históricos. Cada celebración tiene su significado particular, relacionado con el paso de una estación a otra, a los niños, a los auspicios amorosos o a un homenaje a los difuntos.

Matsutake: literalmente «seta del pino», ya que generalmente estaba asociada al pino rojo japonés, es una seta de aroma picante, parecida a la canela, que crece a los pies de estos árboles y suele estar oculta por las hojas caídas, creando una relación simbiótica con las raíces: su sabor único se debe a las raras condiciones en las que crece, bajo la base de pinos que tienen entre veinte y sesenta años, y nunca dos veces en el mismo sitio. Es muy difícil de encontrar y su precio es muy elevado: el *matsutake* japonés de principio de estación, que es el más apreciado, llega a costar hasta dos mil euros el kilo.

Mirin: condimento esencial de la cocina japonesa que se obtiene mediante la fermentación del *mochigome* (arroz glutinoso o arroz dulce), que se cuece al vapor hasta convertirse en una pasta pegajosa, y, después de añadirle el *koji* –un tipo de levadura local– se deja fermentar durante dos o tres meses aproximadamente. Sucesivamente el compuesto se prensa y se filtra, y después se comercializa, o puede dejarse madurar de uno a diez años, dependiendo del tipo de *mirin* que se quiere obtener.

El *mirin* se presenta de forma líquida, muy parecida al vino blanco, tiene un color pajizo muy claro, casi transparente, con reflejos amarillentos y dorados, y su graduación alcohólica es igual o inferior a catorce grados.

Miso: condimento japonés de sabor muy fuerte y salado, derivado de la soja amarilla al que con frecuencia se añaden otros cereales como cebada, arroz, centeno, trigo sarraceno o mijo. Las semillas de la soja, cocidas después de haber estado en remojo, son fecundadas por un tipo especial de seta capaz de penetrar en los almidones de los cereales y de transformarlos en azúcares más simples. En el procedimiento tradicional se lleva a cabo una larga fermentación en agua salada, que dura de doce a veinticuatro meses; industrialmente, en cambio, la fermentación se reduce a pocas horas, haciendo necesaria la pasteurización y eventualmente la añadidura de aditivos para estabilizar el compuesto.

Nara: ciudad de Japón, situada en la región de Kansai de la isla principal, Honshū. Capital de la prefectura homónima, fue capital de Japón del 710 al 794.

Narashimono: conjunto de instrumentos sonoros como el *moppan,* el *unpan,* el *gyoku* o el *dairai,* que se utilizaban en los monasterios para señalar las distintas partes de la jornada y el principio o el fin de las actividades. El sistema permitía a los monjes respetar un silencio absoluto, especialmente durante los periodos de *sesshin*. El tañido de las campanas, los golpes del gong y el sonido de los tableros ejercían además un efecto particular en la conciencia de los meditadores, porque sonaban en medio de un profundo silencio. Su sonido podía ser el disparo que provocaba el surgimiento de la experiencia de la iluminación.

Nattō: judías de soja fermentadas, habitualmente consumidas en el desayuno con arroz blanco y que se caracterizan por un olor muy fuerte y una consistencia pegajosa.

Ningbo: ciudad de la China oriental situada en la provincia de Zhejiang considerada un importante puerto, sobre todo para el comercio extranjero durante la dinastía Song.

Nirmanakāya: el «Cuerpo de Emanación», o sea el cuerpo fenoménico con el que Buda aparece y predica en un universo dado y en una época determinada. Su origen es el *Dharmakāya*, mientras su causa es la compasión respecto a los seres sensibles.

Ōryōki: traducible por «lo que contiene lo bastante». Conjunto de cuencos que se introducen unos en otros, entregados a los novicios zen durante la ceremonia de ordenación. En un sentido estricto, este término indica solamente la escudilla más grande, la que sirve para recibir la comida y las limosnas, la única autorizada por la tradición de los monjes hindúes errantes, siguiendo el ejemplo del Buda Śākyamuni. En un sentido más amplio, *ōryōki* designa el uso ceremonial de las escudillas de alimentos durante las comidas consumidas en silencio en los monasterios zen. Para los novicios la escudilla es un símbolo del contenido de la vida cotidiana.

Prefijo honorífico «o»: forma del lenguaje honorífico japonés que establece la adición de un sufijo a una palabra para expresar un sentimiento de respeto. En las palabras de origen japonés se pone el prefijo «o», y a las de origen chino el prefijo «go».

Rōshi: maestro zen considerado iluminado.

Ryōsha: «emplazamientos» o «zonas» del interior del monasterio zen en los que cada uno atiende a una o más tareas como la acogida de los peregrinos, el cuidado del jardín, la preparación de las comidas y otros.

Saba: granos de arroz dejados aparte al final de cada comida y ofrecidos a los pájaros.

Sahā (en japonés *Shaba*): término sánscrito que indica «nuestro» mundo, la Tierra donde todos están sujetos al ciclo nacimiento-muerte, donde todos se deben ejercitar en la paciencia y en la resignación. En el texto indica la realidad mundana en el exterior del templo.

Sambhogakāya: el «Cuerpo del Disfrute» o «Cuerpo del Completo Goce», corresponde al cuerpo del Buda visible a los Bodhisattva en las Tierras Puras, dotado de todos los signos y los atributos del budismo (*dvātrimāśadvaralaksana*). Es el primero de los «Cuerpos formales» (*Rūpakāyā*).

Sangha: término sánscrito que, en su acepción más rigurosa, identifica la comunidad monástica y, por extensión, significa «compañía», «comunidad». Es uno de los «Tres tesoros» o «Tres joyas» del budismo, junto al Buda y el Dharma.

Senpai: término japonés que señala a un compañero o colega de más edad o superior de grado que merece consideración y respeto.

Sentō: baños públicos creados para suplir la falta de bañeras en las casas tradicionales japonesas.

Shiitake: literalmente «seta del roble», porque crece espontáneamente en los troncos de estos árboles, es una variedad de seta que procede de Extremo Oriente, ya difundida en la antigua China antes incluso del desarrollo del cultivo del arroz, y desde hace cientos de años parte integrante de la dieta en Japón. Dotada de extraordinarias cualidades extranutricionales, además de un gran sabor y una discreta aportación calórica debida a la cantidad de proteínas presentes. Durante la dinastía Ming se definió como elixir de larga vida.

Shikantaza: término japonés que significa «solamente estar sentado». Este término es la traducción de un término chino introducido en el *zazen* por el monje Rujing de la escuela Caodong, maestro de Dōgen Zenji.

Shōjin ryōri: forma de cocinar la comida típica de los monasterios zen japoneses, que prohíbe la utilización de carne, pescado, cebolla, puerro, ajo y otras hortalizas y raíces.

Skanda (en japonés Idaten): nombre sánscrito de la divinidad tutelar venerada en los *tenzoryō* de los monasterios budistas. Famoso por ser un rápido corredor, cuenta la leyenda que persiguió a gran velocidad a los ladrones que robaron las cenizas del Buda Śākyamuni.

Song: dinastía que reinó en China de 960 a 1279, restableciendo en el país la unidad política que se había perdido con la caída de la dinastía Tang en 907. El primer gobierno en la historia que emitió a nivel nacional billetes o auténtico papel moneda, y el primer gobierno chino que estableció una marina militar permanente. Los años comprendidos en este intervalo se conocen como el periodo de las Cinco Dinastías y los Diez Reinos.

Sōtō, escuela zen: una de las tres importantes escuelas japonesas del budismo zen (además de la escuela Rinzai y la escuela Ōbaku), fundada por el monje japonés Dōgen Zenji en 1227 a raíz de una peregrinación a China, de la que refirió las enseñanzas, los textos y el linaje de la escuela budista china Caodong.

Sunomono: traducible literalmente como «algo condimentado con vinagre», es un término que indica un plato servido de aperitivo, entremés o auténtica y personal guarnición, constituido generalmente por verduras (menos habitualmente por pescado o marisco), sazonado con vinagre y ocasionalmente con semillas de sésamo, *miso* o *tofu*.

Sūtra: término sánscrito que significa «hilo», que se refiere, en el brahmanismo, a escrituras sagradas en las que se reproducían las enseñanzas y las normas. En su significado original indica algo muy breve, pero con el tiempo ha llegado a indicar también composiciones muy extensas y articuladas. En el budismo los *sūtra* son la recopilación de los sermones pronunciados por Buda Śākyamuni, los que, después de su muerte, fueron transmitidos de persona en persona gracias a sus discípulos y, en un segundo momento, fueron recogidos en el *Canon budista*.

Takuan: encurtido japonés que se obtiene secando el *daikon* y añadiendo sal, salvado de arroz, y a veces azúcar, guindilla y alga *konbu*. Se suele servir al final de la comida para facilitar la digestión.

Tan: término que designa una plataforma elevada situada aproximadamente a sesenta centímetros del suelo y colocada generalmente a resguardo de las paredes de la sala de meditación, siguiendo su perímetro. Cada monje dispone del espacio de un *tatami* (también definido este *tan*) en el que come, duerme y practica *zazen* en comunidad con los demás monjes.

Tanden: punto inmaterial situado aproximadamente a cuatro centímetros por debajo del ombligo que el budismo zen considera el centro vital del hombre y donde se producen las interacciones con las energías básicas que proceden directamente de las fuerzas vitales más profundas de la naturaleza.

Tatami: pavimentación tradicional japonesa constituida por esteras de paja de arroz prensada, revestidas de junco y ribeteadas con un galón ancho de lino negro o algodón. Cada panel equivale a 90 x 80 centímetros y se usa como unidad de medida para determinar el tamaño de las habitaciones.

Tenzo: responsable de la preparación y de la cocción de toda la comida del monasterio.

Tenzoryō: cocina del monasterio zen en la que el *tenzo* y sus ayudantes se ocupan de preparar los ingredientes y cocinar las comidas para todos los monjes.

Tottori: prefectura japonesa con capital en la homónima ciudad de Tottori, situada en la región de Chūgoku, en la isla principal, Honshu. Limita por el este con la prefectura de Hyōgo, por el oeste con la prefectura de Okayama y por el sur con las prefecturas de Hiroshima y Shimane. Está bañada al norte por el mar de Japón.

«Tres tesoros» o «Tres joyas»: son los tres elementos fundamentales del Budismo: el Buda, el Dharma (la ley) y el Sangha (la comunidad de los creyentes).

Tsuyu: condimento a base de *dashi*, azúcar, salsa de soja y *sake* que acompaña platos como *tempura, udon* o *soba*.

Udon: variedad de pasta larga japonesa bastante gruesa, a base de harina integral de trigo, que se sirve habitualmente en diferentes tipos de caldo o acompañada de guarniciones diversas añadidas a la sopa.

Umeboshi: popular condimento de la cocina japonesa a base de *ume* –fruto generalmente llamado ciruela pero más cerca de la familia de los albaricoques– de marcado sabor ácido y salado, logrado principalmente por la maceración de estos frutos en sal.

Unpan: literalmente «piano de nubes». Gong plano de bronce que se utiliza en los monasterios zen para transmitir distintos tipos de señales. El nombre del instrumento deriva de su aspecto en forma de nube, y con frecuencia se decora con dibujos de nubes.

Unsui (escrito en japonés con los caracteres de «nube» y «agua»)**: monje itinerante, novicio de los monasterios zen.

Yakuseki **(escrito en japonés con los caracteres de «medicina» y «piedra»):** término con el que se designa la comida vespertina en los monasterios zen. El término «piedra medicinal» se refería originalmente a las piedras calentadas que los monjes y las monjas se ponían en el abdomen para aplacar la sensación de hambre y para calentarse durante las frías tardes invernales. El código monástico budista desarrollado en el ámbito de la tradición Theravada, de hecho, prohíbe explícitamente a los monjes y las monjas consumir alimentos después de las horas meridianas. En los templos de tradición Mahayana, a pesar de continuar respetando el mismo código monástico, consumir una comida vespertina se ha convertido en práctica común como medida médica preventiva con el fin de evitar enfermedades.

Zazen: meditación de sentados, en la posición del loto o del medio loto, centrada en la postura y en la respiración ligera, sobre las que se fija la atención.

Zuhatsu: cuenco más grande del set de *ōryōki*, que simboliza la cabeza de Buda.

Esta primera edición de *El zen y el arte de comer* de
Seigaku se terminó de imprimir en *Grafica Veneta
S.p.A. di Trebaseleghe* (PD) de Italia en octubre de
2016. Para la composición del texto se ha utilizado
la tipografía Omnes.

Este libro está impreso con el sol. La energía que
ha hecho posible su impresión procede exclusivamente de paneles solares. *Grafica Veneta* es la primera imprenta en el mundo que no utiliza carbón.